Klartext

Marlies und Jürgen Sobczak

Wanderführer Ruhrgebiet

52 Rundwanderwege für jede Jahreszeit

Bibliografische Information der Deutschen Bibliothek
Die Deutsche Bibliothek verzeichnet diese Publikation in der Deutschen
Nationalbibliografie; detaillierte bibliografische Daten sind im Internet
über *http://dnb.ddb.de* abrufbar.

2. aktualisierte Auflage Mai 2003
1. Auflage September 2002
Gesamtausstattung: Klartext Verlag
Kartenerstellung: Kai Münschke
Wanderwege: Jürgen Sobczak
Umschlaggestaltung: Dieter Pfennigwerth
Umschlagfoto: Gerd Lorenzen
© Klartext Verlag, Essen 2003
ISBN 3-89861-136-1
Alle Rechte vorbehalten

Inhalt

Vorwort 9

Hinweise. 10

Einleitung 11

Altena
1. Märkisches Sauerland – Altena im Lennetal 12

Arnsberg
2. Kloster Oelinghausen und Schloss Herdringen 13

Attendorn
Von Olpe nach Attendorn
und eine Schifffahrt auf dem Biggesee, siehe Nr. 34 auf Seite 46

Bochum
3. Kemnader See und Ruhr-Universität
Rundweg um Querenburg. 14

Borken
4. Parklandschaft bei Weseke
und Spargelessen in Raesfeld-Erle 15
5. Im Westmünsterland bei Borken
Naturschutzgebiet Burlo-Vordingholder-Venn. 16

Bottrop
6. Kirchheller Heide. 17

Breckerfeld
7. Über die Höhen bei Breckerfeld 18

Castrop-Rauxel
8. Technische Sehenswürdigkeit
Schiffshebewerk Henrichenburg 19

Datteln
9. Die Haard – ein großes Waldgebiet 20

Dortmund
10. Aplerbecker Mark und Schwerter Heide. 21
11. Am Zusammenfluss von Ruhr und Lenne 22

Düsseldorf
12. Rheinfähre und Rheinuferweg
bei Kaiserswerth und Langst-Kierst 24

Ennepetal
13. Im Tal der Ennepe 25

Essen
14. Für Wanderer und Seefahrer – von Kupferdreh nach Werden 26
15. Am Ostufer des Baldeneysees – Rundweg Kupferdreh 27
16. Kulinarischer Baldeneysee – Rundweg Stadtwald 28

Fröndenberg
17. Zwischen Sauerland und Münsterland
    Auf dem Haarstrang 29
18. Am Zusammenfluss von Ruhr und Hönne. 30

Gelsenkirchen
19. Vom Stadtwald in Buer zum Schloss Westerholt 31

Hagen
20. Zwischen Ennepetal und Hagen
    Hasper Talsperre 32
21. Schloss und Märchenwald in Hohenlimburg. 33

Hattingen
22. Blankenstein – ein bekannter Ausflugsort über der Ruhr 34
23. Wander- und Einkehrparadies
    Elfringhauser Schweiz 35
24. Von Hattingen ins Grüne. 36
    Museumszug im Ruhrtal und eine Wanderung über die Ruhrhöhen,
    siehe Nr. 50 auf Seite 66

Hemer
25. Wandern in Ihmert und Ritteressen in Kesbern 37

Herdecke
Ardeygebirge und Harkortsee, siehe Nr. 46 auf Seite 60

Herne
26. Spannung und Entspannung
    Revierpark Gysenberg. 38

Herscheid
27. Zur Verse- und Fürwiggetalsperre 39

Iserlohn
Ritteressen in Kesbern, siehe Nr. 25 auf Seite 37

Kierspe
Jubachtalsperre, siehe Nr. 29 auf Seite 41

Krefeld
28. Westlich des Rheins – Erholungsgebiet Hülser Berg. 40

Inhalt

Lüdenscheid
29. Waldreicher Ausläufer des Ebbegebirges
Auf der Homert und zur Jubachtalsperre 41
Versetalsperre, siehe Nr. 27 auf Seite 39

Meerbusch
Rheinuferweg bei Langst-Kierst,
siehe Nr. 12 auf Seite 24

Meinerzhagen
Fürwiggetalsperre, siehe Nr. 27 auf Seite 39

Meschede
30. Am und auf dem Hennesee 42

Nachrodt-Wiblingwerde
31. Aussichtsreiche Hochfläche
Höhenwanderung in Veserde 43
32. Zwei Wassermühlen und ein Backtag
Brenscheider Mühlen... 44

Nordkirchen
33. Schloss Nordkirchen – das westfälische Versailles 45

Olpe
34. Von Olpe nach Attendorn
und eine Schifffahrt auf dem Biggesee 46

Plettenberg
35. Einsame Höhen im Ebbegebirge..................................... 48

Schermbeck
36. Naturpark Hohe Mark – Staatsforst Dämmerwald 49

Schwerte
Schwerter Heide, siehe Nr. 10 auf Seite 21

Selm
37. Kunst und Natur in Cappenberg..................................... 50

Solingen
38. Berg und Tal an der Wupper
Obenrüden im Bergischen Land..................................... 51
39. Seilbahn, Schloss und Schlemmerfreuden
Von der Müngstener Brücke zum Schloss Burg 52
40. Bergische Kaffeetafel und Dröppelminna
Wupper – Sengbachtalsperre – Schloss Burg........................ 54

Sundern
41. Auf dem Höhenweg des Sorpesees 55

Velbert
42. Sendeanlagen des WDR – Langenberger Sender 56

Velen
43. Im westlichen Münsterland
Bauernschaft bei Velen und Ramsdorf 57

Waltrop
Zum Schiffshebewerk Henrichenburg, siehe Nr. 8 auf Seite 19

Warstein
44. Zwischen Haarstrang und Arnsberger Wald
Sichtigvor im Tal der Möhne 58

Wetter
45. Aussichten ins Ruhrtal bei Voßhöfen 59
46. Ardeygebirge und Harkortsee
Streckenwanderung von Wetter nach Herdecke
und eine Schifffahrt auf dem Harkortsee 60

Witten
47. Durch das Bommerholz 62
48. Impressionen im Dreistädte-Eck
Witten – Bochum – Dortmund 63
49. Zu Lande und zu Wasser
vom Kemnader See nach Bommern
und eine Fahrt auf der Ruhr 64
50. Museumszug im Ruhrtal
und eine Wanderung über die Ruhrhöhen 66
51. Wiege des Ruhrbergbaus
Bergbaurundweg Muttental 68
52. Wittens beliebtestes Ausflugsziel
Borbachtal und Hohenstein an der mittleren Ruhr 70

Vorwort

Wandern im Ruhrgebiet – das heißt: auf eine ungewöhnliche Entdeckungsreise gehen. Wer sich in dieser Region auf den (Fuß-)Weg macht, erlebt eine einzigartige Mischung von Sehenswürdigkeiten: vielfältige Naturlandschaften, pulsierende Städte, bodenständige Dörfer, originelle Siedlungen, verträumte Flussläufe, saubere Seen und dazwischen verstreut die Relikte einer Industrie, die einst das Leben prägten und inzwischen eine neue Rolle in der Freizeitgesellschaft übernommen haben – als Museum, Konzertsaal, Freizeitstätte oder Restaurant.

Der Freizeitführer „Wanderführer Ruhrgebiet" gibt Anregungen und ist zugleich ein idealer Begleiter für jene, die ihre Heimat Schritt für Schritt entdecken oder auch nur näher kennen lernen möchten. Die Touren führen zu bekannten Sehenswürdigkeiten, aber auch zu Zielen, die etwas abseits liegen und deshalb für Entdeckernaturen ganz besondere Reize bieten.

Die Autoren fassen den Begriff „Ruhrgebiet" erfreulicherweise recht weit, grenzen ihn nicht auf die einstige Kernregion von Eisen und Stahl ein. Die unmittelbar anschließenden Ausläufer des Sauerlandes, des Münsterlandes und des Rheinlandes wurden nämlich von den Menschen im Ruhrgebiet schon immer auch als ihr Lebens- und Erholungsraum empfunden.

Dass Sie stets gut zu Fuß sind und die 52 Ausflugsziele für das ganze Jahr mit allen Sinnen erleben können, wünscht Ihnen

Hans-Dieter Budde
Redaktionsleiter
Reise-Journal der
WAZ-Mediengruppe

Hinweise zu den im Buch beschriebenen Markierungen der Wanderwege des Sauerländischen Gebirgsvereins (SGV):
Wenn die Markierung der Wege einmal durch Feld-,Wald- und Forstarbeiten, bauliche oder andere Veränderungen nicht mehr zu erkennen sein sollte, bitte eine kurze Nachricht an den Verlag, damit der Wanderführer stets aktuell bleibt.

Hinweise zu den im Buch beschriebenen Anfahrten mit dem Verkehrsverbund Rhein-Ruhr (VRR):
Wir weisen ausdrücklich darauf hin, dass die Verkehrszeiten in den Wandergebieten sich erheblich unterscheiden können, häufig an Wochenenden eingeschränkte Fahrpläne gelten oder einzelne Gebiete an bestimmten Tagen gar nicht befahren werden.
Aus diesen Gründen empfehlen wir die Telefon-Hotline des VRR für Tarifauskünfte und Bus- und Bahnverbindungen in ganz NRW. Unter der landesweit einheitlichen Rufnummer 01803/504030 (9 Cent/Minute Festnetz Telekom) erhält man rund um die Uhr detaillierte Informationen zu allen Nahverkehrsthemen.
Weitere Informationen könne Sie auch im Internet bekommen unter: www.vrr.de
Für die Ausarbeitung der Anfahrtspläne bedanken sich die Autoren und der Verlag herzlich beim Verkehrsverbund Rhein-Ruhr.

Hinweise zu den im Buch beschriebenen Gasthäusern:
Wir weisen ausdrücklich darauf hin, dass bei den im Buch beschriebenen Gasthäusern trotz sorgfältigster Recherchen der Autoren kurzfristig Änderungen möglich sind, die sowohl veränderte Öffnungszeiten und gastronomische Angebote als die Verfügbarkeit des gastronomischen Betriebes selbst umfassen können.

Alle in diesem Buch enthaltenen Angaben wurden von den Autoren nach besten Wissen erstellt und von ihnen und dem Verlag mit größtmöglicher Sorgfalt überprüft. Gleichwohl sind – wie wir im Sinne des Produkthaftungsrechts betonen müssen – inhaltliche Fehler nicht vollständig auszuschließen. Daher erfolgen die Angaben ohne jegliche Verpflichtung oder Garantie des Verlages oder der Autoren. Alle Genannten übernehmen keinerlei Verantwortung und Haftung für etwaige inhaltliche Unstimmigkeiten. Wir bitten dafür um Verständnis und werden Korrekturhinweise gerne aufgreifen:
Klartext Verlag, Dickmannstr. 2-4, 45134 Essen

Einleitung

Landschaften des Ruhrgebietes, die der Entspannung und Erholung dienen, zeigt dieses Büchlein. Lange Anfahrtswege werden vermieden. So ist es möglich, zum Beispiel schon am Vormittag einen Wanderausflug zu starten und am Mittag oder Nachmittag wieder zu Hause zu sein oder in einem der Gasthäuser am Weg eine Mahlzeit einzunehmen oder Kaffee zu trinken. Im Sommer sind die zahlreichen Biergärten besonders beliebt. Wanderzeit und Wanderwetter ist immer. Und mit der richtigen Kleidung meistern Sie jede Wetterlage.

Für jede Woche des Jahres wird eine Wanderung dargestellt. Beschrieben werden nur besonderes schöne Rundwanderwege. Die Auswahl erhebt keinen Anspruch auf Vollzähligkeit.

Topographische Karten des Landesvermessungsamtes:
1) Freizeitkarten, Maßstab 1:50.000, mit Bezirks- und Hauptwanderstrecken, Rundwege um Orte, aber ohne Rundwanderwege, die von den Wanderparkplätzen ausgehen (z.B. A1 usw.). *Tipp:* Rundwanderwege mit dem Textmarker einzeichnen.
2) Grüne Reihe, Maßstab 1:25.000, enthalten meist alle Wanderwege, noch nicht flächendeckend für alle beschriebenen Gebiete und Wanderungen verfügbar, wird lt. Landesvermessungsamt ständig erweitert.

In den Topographischen Karten sind auch die für die Anfahrt wichtigen Nummern der Land- und Kommunalstraßen eingetragen.
Eine lohnende Anschaffung ist ein Großraum-Städte-Atlas für das Rhein-Ruhr-Gebiet.

Kompass:
Es genügt ein einfacher, leichter Kompass mit Öldämpfung und Kunststoffgehäuse, z.B. Herbertz Nr. 701300.

Ein wichtiger Hinweis für Einsteiger:
Das Wandern im unbekannten Gelände setzt gute Kenntnisse im Lesen der topographischen und sonstigen Wanderkarten voraus. Die Karten sind im Buchhandel, beim Sauerländischen Gebirgsverein in Arnsberg und beim Landesvermessungsamt in Bonn erhältlich. Auch sollte ein Kompass dabei sein, ein Handy für den Bedarfsfall. Gegegebenenfalls helfen Wandervereine oder kundige Bekannte beim Einstieg. Einfach mal umhören. Mit kleinen Wegen in einfachem Gelände beginnen, dabei immer den Weg anhand der Wanderkarte nachvollziehen. Das macht Spaß und bringt die nötige Übung. Da die Wanderzeichen vor Ort nicht immer lückenlos angebracht sind, bieten sie manchmal nur eine grobe Orientierung. Gut, wenn Sie dann die Wanderkarte und einen Kompass dabei haben.

Genussvolle Stunden in der Natur und
bei der anschließenden Einkehr
wünschen Ihnen
Marlies und Jürgen Sobczak

1. Märkisches Sauerland – Altena im Lennetal

Blockhaus – Lattenberg – Tiergarten – Lennetal

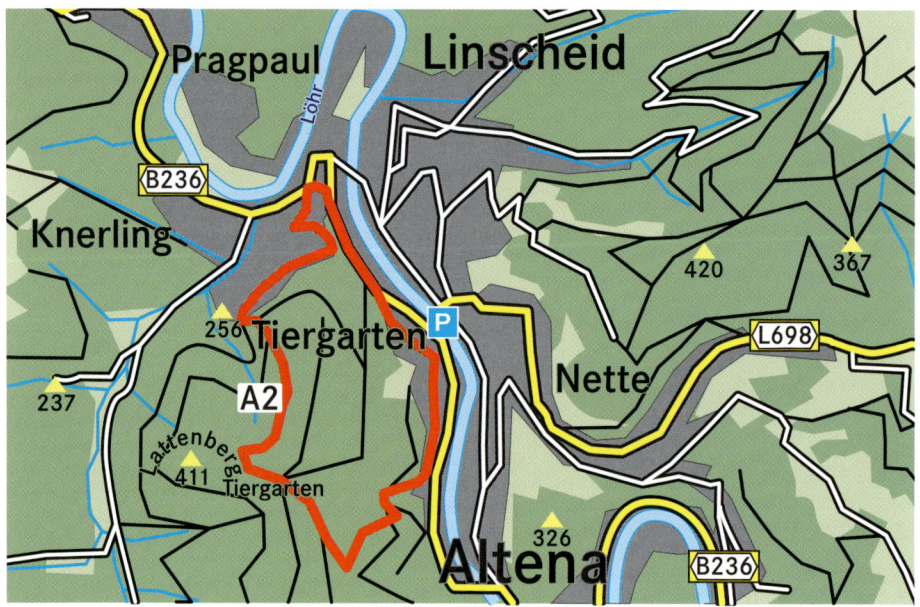

Anfahrt PKW:	A 46, AS Iserlohn-Oestrich, B 236 bis Altena
	P Lennewiese beim Bahnhof
Wanderstrecke:	Rundwanderung A2 = 5 km, *Höhenprofil:* 153-400 m
Wanderkarten:	Grüne Reihe, Blatt 16, Iserlohn, 1:25.000
	Freizeitkarte, Blatt 14, Ruhrgebiet Ost, 1:50.000
Einkehr:	Gasthäuser in Altena
Sehenswert:	Burg Altena, 12. Jh., mit Museen und Sammlungen, erste Weltjugendherberge, Aussichtsturm

Das Märkische Sauerland führt seinen Namen auf die Grafen von der Mark zurück, die im 13. Jahrhundert in Mark (Hamm) ihren Wohnsitz hatten. Viele Flüsse und Bäche gliedern die Berglandschaft. Wir wandern am steilen Hang aus der Stadt heraus und erreichen über das Blockhaus die Tiergartenhöhe. Weiter durch ausgedehnten Wald am Lattenberg entlang zum Stadtteil Tiergarten und zum P.

2. Kloster Oelinghausen und Schloss Herdringen

Kloster Oelinghausen – Kalte Lieth – Gut Stiepel – Herdringen mit Schloss – Oelinghausen

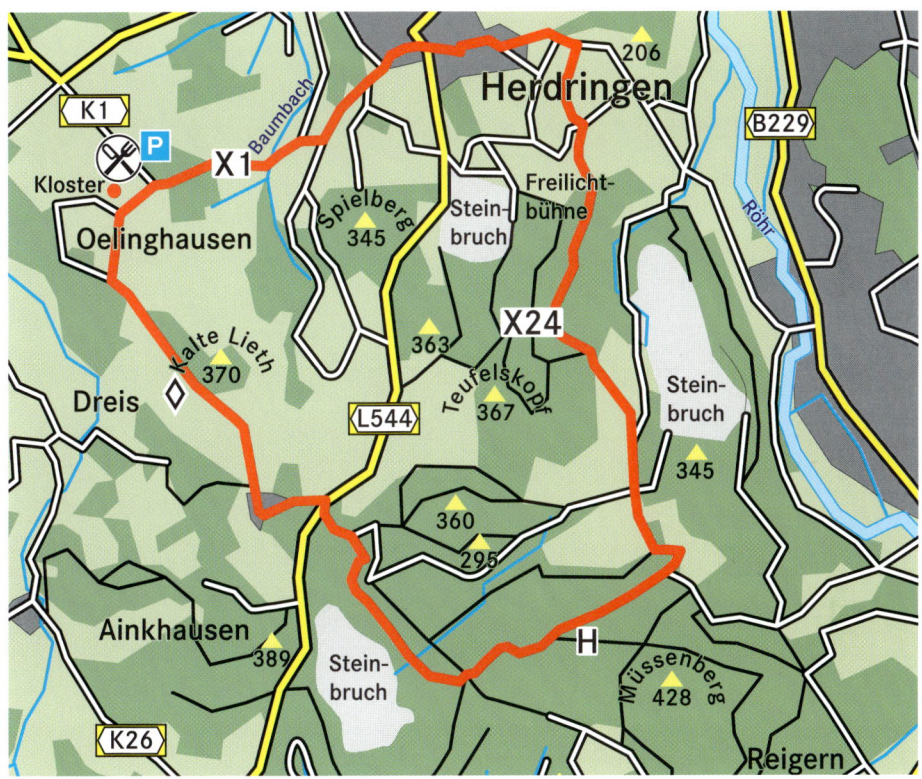

Anfahrt PKW:	A 44, A 445, A 46, AS Arnsberg-Rathausplatz, L 544, L 682/Holzener Weg/ Märkische Str., L 682, K 1 🅿 Kloster Oelinghausen
Wanderstrecke:	Rundwanderung, 10 km, mit kombinierten Wegezeichen: ◇, H, X24, X1, *Höhenprofil:* 206-386 m
Wanderkarten:	Grüne Reihe, Blatt 13, Arnsberg, 1:25.000 Freizeitkarte, Blatt 15, Arnsberger Wald, 1:50.000
Einkehr:	in Oelinghausen: Restaurant und Biergarten „St.-Georgsklause", Mittagstisch nur Sa. und So., Mo. Ruhetag, Tel. 02932/38711

Sehenswert: Die Klosterkirche des ehemaligen Prämonstratenserinnenklosters in Oelinghausen aus dem 14. Jahrhundert mit einem reich geschnitzten Hochaltar, Orgel, Malereien und Apostelfiguren aus dem 15. bis 18. Jh., einer Madonna von ca. 1200 und einem alten Wallfahrtsbild. Schloss Herdringen von 1846–1850 mit schönem Schlosspark.

3. Kemnader See und Ruhr-Universität Rundweg um Querenburg

Kemnader See – Haus Heven – Laerheide – Ruhr-Universität – Kemnader See

Anfahrt PKW:	A 43, AS Witten-Heven
	🅿 Kemnader See, Anlegestelle Heveney
Anfahrt VRR:	Ab Bochum Hbf: U 35 ➔ Hustadt, **H** Ruhr-Universität umsteigen
	Bus 339 ➔ Witten bis **H** Hafen Heveney
	Ab Witten Rathaus: Bus 339 ➔ Ruhr-Universität bis **H** Hafen Heveney
Wanderstrecke:	9 km, *Höhenprofil:* 73-148 m
Wanderzeichen:	B+W, O, U
Wanderkarte:	Freizeitkarte, Blatt 14, Ruhrgebiet Ost, 1:50.000
Einkehr:	Gasthäuser am Kemnader See; Landhof am Kemnader See,
	Auf dem Kalwes 231 (Landhausessen auf rustikalen Bänken), Mittagstisch und Kaffeetrinken witterungsabhängig, Mo. und Di. Ruhetage, Tel. 0234/703682

Vom Kemnader See aus wandern wir mit den Zeichen B+W zwischen Feldern und den Teichen des Oelbachs. Nach der Durchquerung eines kleinen Wäldchens geht es bald darauf rechts und sofort wieder links weiter – auf das neue Zeichen „O" achten! Über Haus Heven umrunden wir die Hustadt auf guten befestigten Feldwegen mit schönen Ausblicken. Durch den ausgedehnten Laerheider Wald kommen wir zur Ruhr-Universität und zum Uni-Center, wenig später beim Parkplatz auf den Wechsel des Wegezeichens achten! Nunmehr mit dem „U" wandern wir über den 146 m hohen bewaldeten Kalwes bergab zum Kemnader See.

Tipp:	Rundfahrten auf dem Kemnader See mit der MS Kemnade,
	Saison April bis Oktober, Tel. 02330/4175.

4. Parklandschaft bei Weseke und Spargelessen in Raesfeld-Erle

Weseke – Heddier – Pölling – Weseke

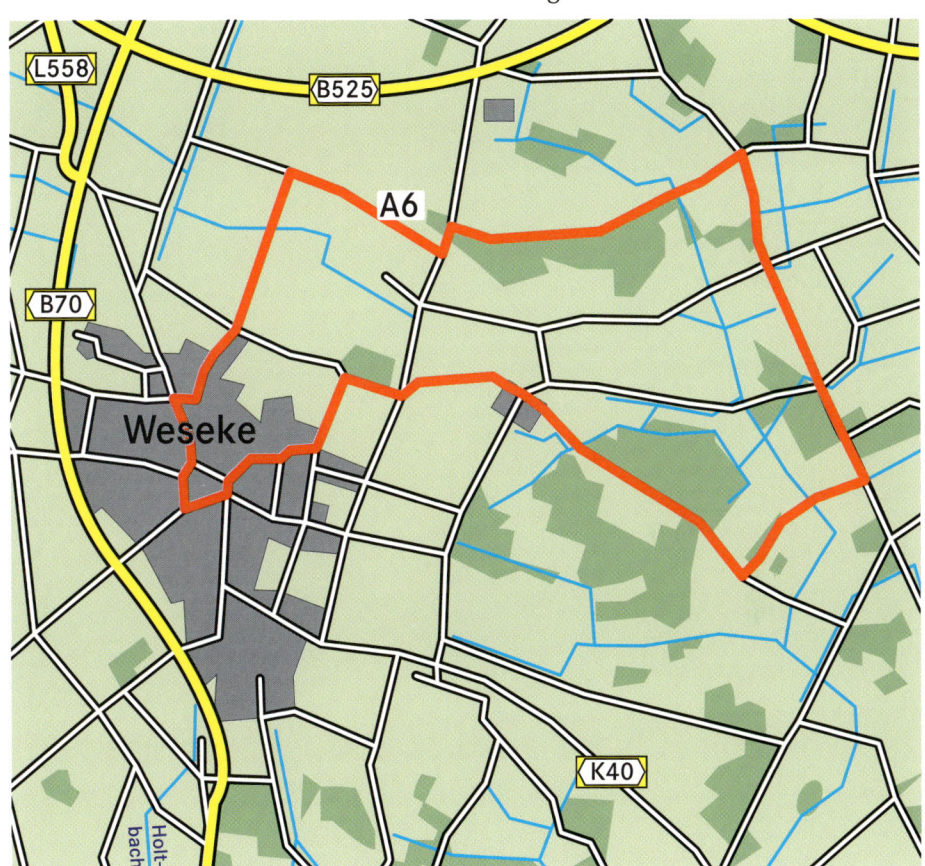

Anfahrt PKW:	A 31, AS Schermbeck, B 58, nach ca. 300 m B 224, B 70 bis Weseke, Borkenwirther Str.
	P Weseke, Ortsmitte, bei der Kirche
Wanderstrecke:	Rundweg A6, 9,5 km, durch die Felder der Weseker Mark, *Höhenprofil:* 52-56 m
Wanderkarte:	Freizeitkarte, Blatt 8, Naturpark Hohe Mark, 1:50.000
Einkehr:	Gasthäuser in Weseke,
	ein weiterer Höhepunkt ist „*Adelheids Spargelhaus*" in Raesfeld-Erle, Rhader Str. 69, Tel. 02865/8011, wo es natürlich auch andere Köstlichkeiten gibt, ab 12 Uhr durchgehend warme Küche, zu erreichen über die B 224, in Raesfeld-Erle abbiegen auf K 13\Rhader Str., Di. Ruhetag
Sehenswert:	Heimathaus mit geologischem Garten.

5. Im Westmünsterland bei Borken
Naturschutzgebiet Burlo-Vordingholder-Venn

*Kloster Burlo – Sibbing – Naturschutzgebiet (Hochmoor) –
Klostervenn – Middelkamp – Wansing – Burlo*

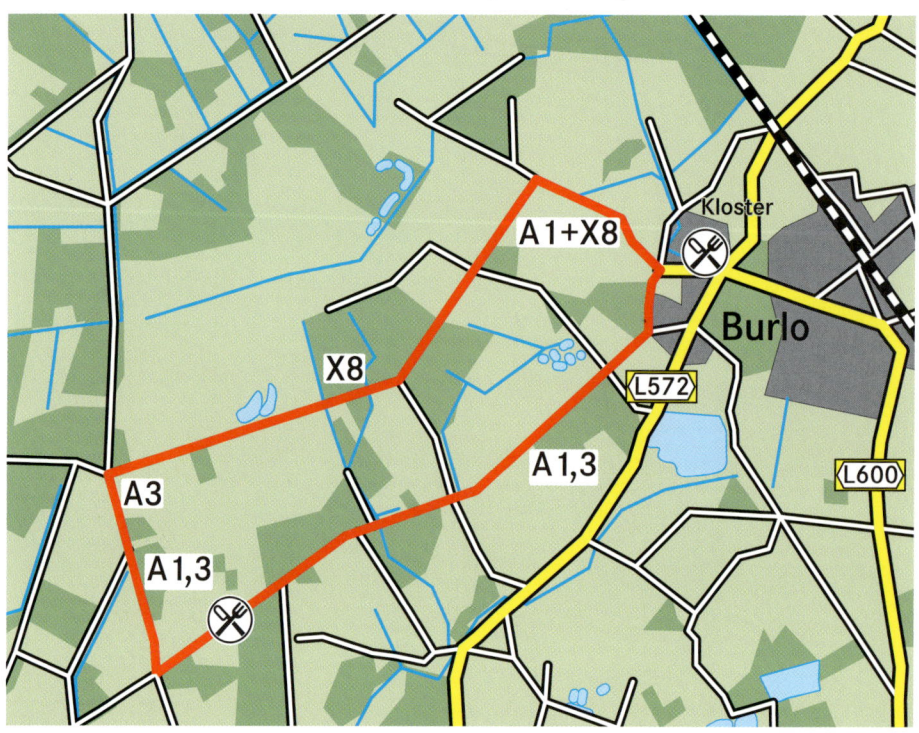

Anfahrt PKW:	A 31, AS Schermbeck, B 58, nach ca. 300 m B 224, B 70 bis Weseke, in Weseke auf K 8, K 40 bis Burlo
	🅿 Burlo, beim Kloster, Vennweg
Wanderstrecke:	Rundweg, 8 km, *Höhenprofil:* 46-51 m
Wanderzeichen:	X8, A3
Wanderkarte:	Freizeitkarte, Blatt 8, Naturpark Hohe Mark, 1:50.000
Einkehr:	Gasthaus „*Klosterpforte*" mit Biergarten, Tel. 02862/2701, Di. und Mi. Ruhetage
Sehenswert:	Das ehemalige Kloster Mariengarden-Burlo, 1245 gegründet als Niederlassung der Wilhelmiten-Eremiten, im 15. Jh. Zisterzienser-Kloster, heute Missionsschule der Oblaten, Klosterkirche aus dem 14. Jh.
Tipps:	Nach Absprache führt der Wirt des Gasthauses „*Klosterpforte*" Gruppen ab sechs Personen gegen kleines Entgelt und/oder Einkehr durch das Moor. Ein Abstecher ins nahe Winterswijk.

Bottrop

6. Kirchheller Heide

Grafenmühle – Naturschutzgebiete Rotbach, Elsbach, Schwarzer Bach – Heidhofsee – Kirchheller Heidesee

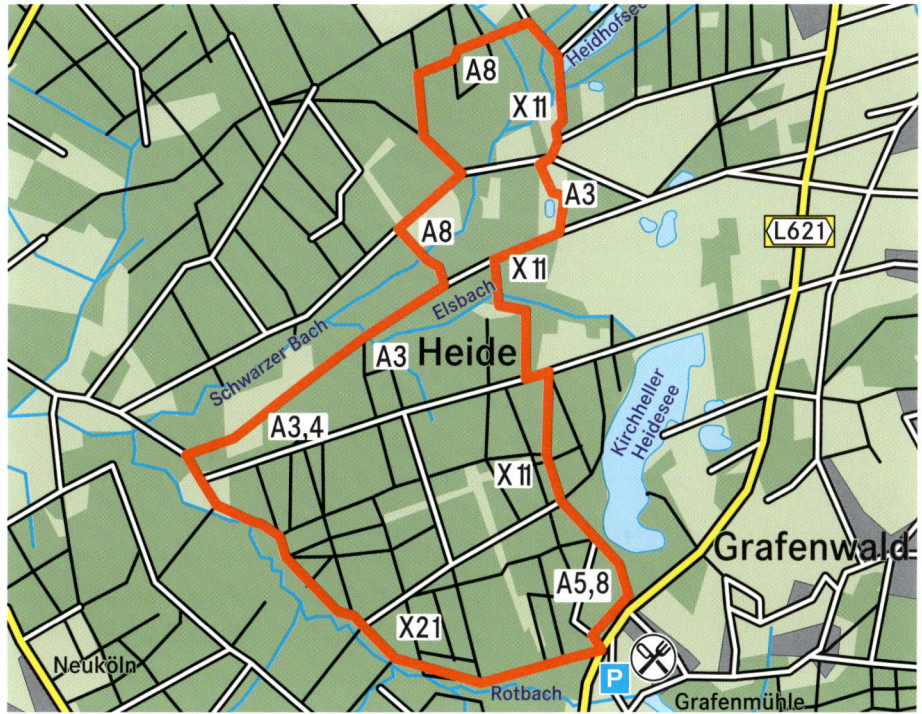

Anfahrt PKW:	A 2, AS Bottrop (3), L 631, B 223, in Grafenwald links abbiegen auf K 11, links zur Grafenmühle 🅿 Freizeitzentrum Grafenmühle
Anfahrt VRR:	Ab Bottrop Hbf: CE 50 ➜ Kirchhellen/Dorsten, **H** Schneider-/Bottroper Str., umsteigen Bus 269 ➜ Grafenmühle bis **H** Grafenmühle
Wanderstrecke:	Rundweg, 11,5 km, *Höhenprofil:* 41-70 m
Wanderzeichen:	X21, A4, A3, A8
Wanderkarte:	Freizeitkarte, Blatt 8, Naturpark Hohe Mark, 1:50.000
Einkehr:	Café-Restaurant „*Haus Sonnenschein*", Zur Grafenmühle 130, Tel. 02045/5717, Mittagstisch und hausgemachte Kuchen, Fr. Ruhetag

Eine genussreiche Wanderung durch die Kirchheller Heide erwartet uns. Vom 🅿 gehen wir ein kurzes Stück zur L 621. Nach Überqueren der Straße wenden wir uns mit dem Zeichen X21 nach links und wandern am Rotbach entlang. A4 und A3 begleiten uns zum Elsbach und zum Schwarzen Bach. Dort mit A8 links und später ein kurzes Stück nach rechts zum Heidhofsee. Wir treffen auf die X11, direkt nach dem Heidhof ein kurzes Stück auf A3, dann wieder auf X11, die uns zum Kirchheller Heidesee führt. Um einen Ausblick auf den See zu erhalten, gehen wir ein kurzes Stück mit A5,8. Anschließend die Landstraße überqueren und ohne Wanderzeichen durch die Köhlerstraße zur Grafenmühle.

7. Über die Höhen bei Breckerfeld

Breckerfeld – Langscheid – Rüggebein –
Gasthäuser Schemm und Reckhammer – Epscheider Mühle

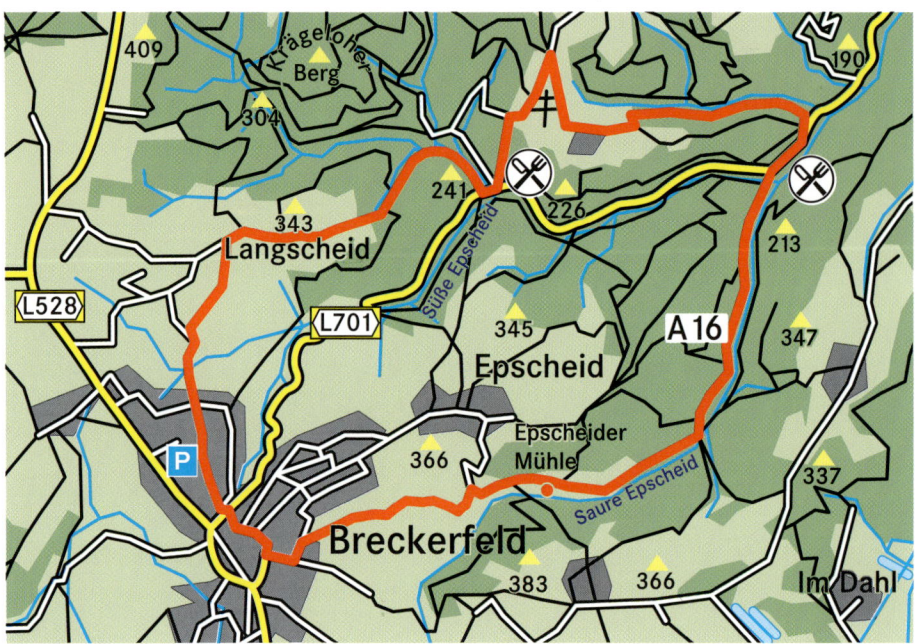

Anfahrt PKW:	A 45, AS Hagen-Süd, B 54 bis Priorei, L 701/Osemundstr./Prioreier Str. Ⓟ Körnereiche
Anfahrt VRR:	Ab Hagen Hbf: Bus 512 ➔ Breckerfeld bis **H** Breckerfeld Bus-Bf/Rathaus
Wanderstrecke:	Rundweg A16, 10,4 km, *Höhenprofil:* 195-386 m
Wanderkarten:	Grüne Reihe, Blatt 8, Märkischer Kreis, 1:25.000
	Freizeitkarte, Blatt 14, Ruhrgebiet Ost, 1:50.000

Einkehr am Weg: Gasthaus *„Haus Reckhammer"*, Hagen-Priorei, Osemundstr./Reckhammer 1, Tel. 02337/4871, Mo. Ruhetag, sonntags Schlemmerbuffet, im Sommer freitagsabends Barbecue – und die legendären frischen Waffeln

Sehenswert in Breckerfeld: Jakobuskirche, 14. Jh., einzige hochgotische Basilika Westfalens, mit Schnitzaltar (16. Jh.) und geschnitzter Barockkanzel (18. Jh.), Reste der alten Stadtmauer

Nördlich durch den Wiesenhang zur Höhe nach Langscheid, durch schönen Wald über Gasthaus *„Schemm"* und Rüggebein zum Gasthaus *„Haus Reckhammer"*. Im engen Waldtal des Epscheider Baches wandern wir aufwärts zur Epscheider Mühle und über Feldfluren nach Breckerfeld.

Castrop-Rauxel / Waltrop

8. Technische Sehenswürdigkeit Schiffshebewerk Henrichenburg

Schiffshebewerk – Uferweg Dortmund-Ems-Kanal – Breikmann – Waltrop – Hemmerde – Schiffshebewerk

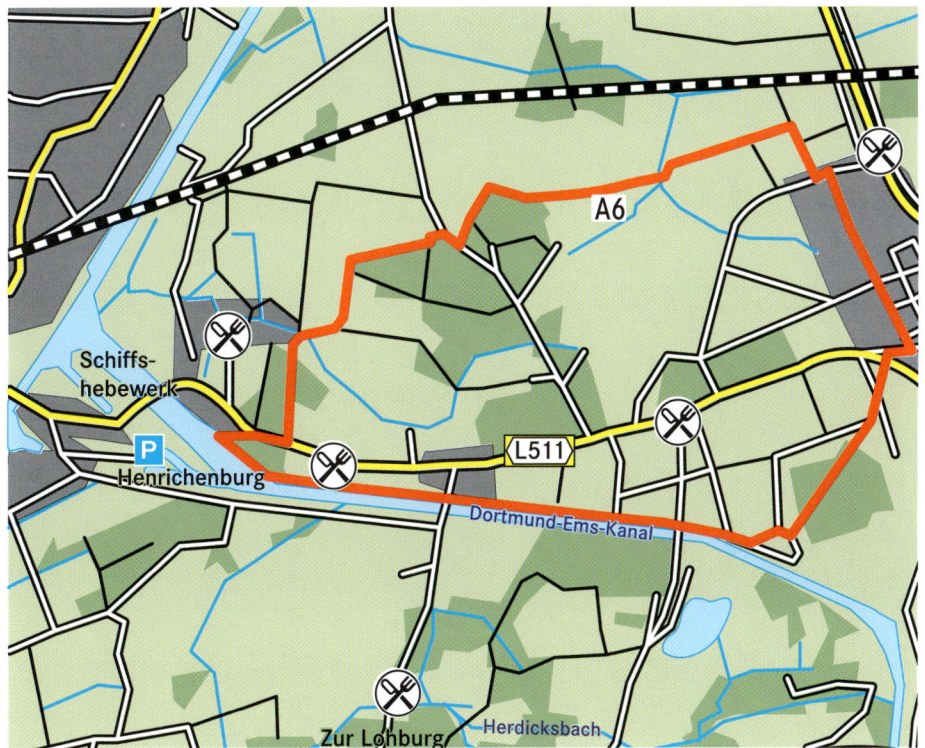

Anfahrt PKW:	A 2, AS Castrop-Rauxel-Henrichenburg, B 235, L 511/Provinzialstr. P Schiffshebewerk, Zum Neuen Hebewerk
Anfahrt VRR:	Ab Castrop-Rauxel Hbf: SB 22 ➔ Haltern bis H Datteln, Wittener Str. Ab Recklinghausen Hbf: Bus 231 ➔ Waltrop bis H Kanalstr.
Wanderstrecke:	Rundwanderweg A6, 9 km, *Höhenprofil:* 60-75 m
Wanderkarte:	Freizeitkarte, Blatt 8, Naturpark Hohe Mark, 1:50 000
Einkehr:	Gast- und Gartenwirtschaft „*Zur Lohburg*", Lohburger Str. 105, Tel. 02309/2286, an jedem letzten Do. des Monats Schlachtfest, November bis März am Mi. Ruhetag; großer Spielplatz, Modellflugplatz
Sehenswert:	Schiffshebewerk, 1899 von Kaiser Friedrich II. eingeweiht, seit 1992 Museum für die Binnenschifffahrt. Das Heben und Absenken der Schiffe kann auf dem Gelände miterlebt werden.

9. Die Haard – ein großes Waldgebiet

Gasthäuser „**Katenkreuz**" und „**Landhotel Jammertal**" – *Die Haard*

Anfahrt PKW:	A 43, AS Recklinghausen/Herten, L 511, K 19, in Oer-Erkenschwick links abbiegen auf L 889, nach 4,6 km links abbiegen auf Redderstr. P Gasthäuser *„Katenkreuz"* und *„Landhotel Jammertal"* (Redder Str.)
Anfahrt VRR:	Ab Castrop-Rauxel Hbf: SB 22 ➔ Haltern bis **H** Levener Fischteiche, 15 min. Fußweg bis zum *„Landhotel Jammertal"*
Wanderstrecke:	Rundweg A3, 7,5 km, *Höhenprofil:* 59-118 m
Wanderkarte:	Freizeitkarte, Blatt 8, Naturpark Hohe Mark, 1:50.000
Einkehr:	Gasthaus *„Katenkreuz"*, Redderstr. 392, Tel. 02363/33639, Mittagstisch und Kaffeetrinken, hausgebackene Kuchen, Mo. und Di. Ruhetage *„Landhotel Jammertal"*, Redderstr. 421, Tel. 02363/3770, Biergarten

Die unbesiedelten Sandhügel zwischen Marl, Datteln und dem Tal der Lippe bei Haltern, von weiten Kiefernforsten bedeckt, sind ein idealer Wanderraum. Unser Rundweg A3 führt uns in das ausgedehnte Waldgebiet.

10. Aplerbecker Mark und Schwerter Heide

Kortenstraße – Diakon-Koch-Weg – Aplerbecker Mark – Gasthaus „Freischütz" – Schwerter Wald – Aplerbecker Wald

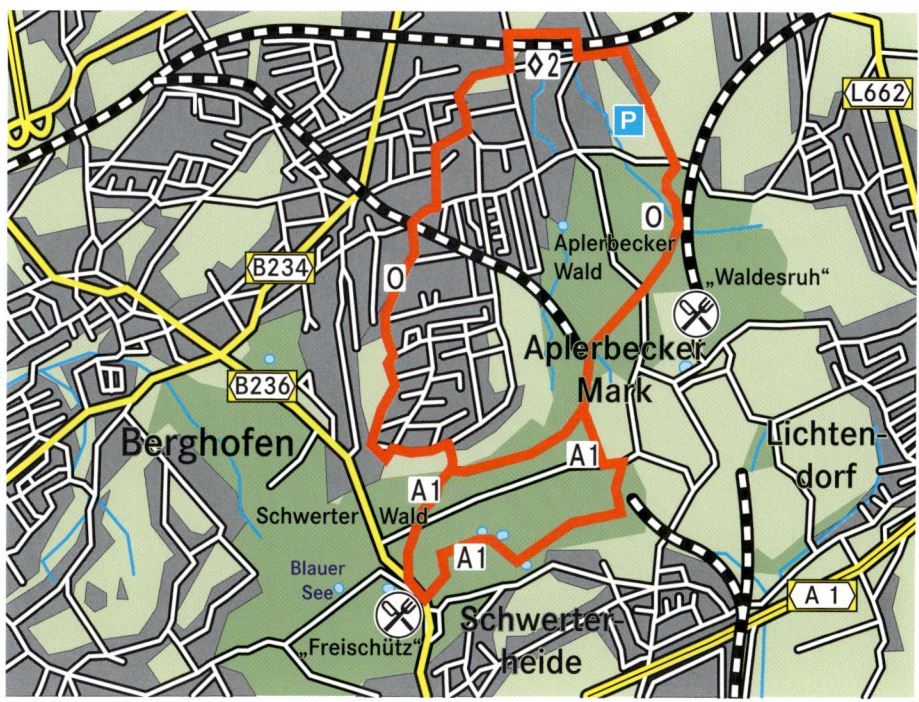

Anfahrt PKW:	B 1, AS Dortmund-Aplerbeck, K 7/Leni-Rommel-Str., L 556/Aplerbecker Str., B234 und sofort rechts Sölder Kirchweg, Vieselerhofstr./Abteistr., Schlagbaumstr., Kortenstr. 🅿 Kortenstraße (am Friedhof)
Anfahrt VRR:	Ab Dortmund-Aplerbeck Bf: Bus 438 ➔ Hw-Landskrone bis **H** Aplerbeck Bezirksfriedhof
Wanderstrecke:	Rundwanderung, 9 km, *Höhenprofil:* 109-203 m, kombinierte Wanderzeichen: O, ◊2, A1 🅿 Gasthaus *„Freischütz"*: Rundwanderung A1, 3,5 km, geringe Steigungen
Wanderkarte:	Freizeitkarte, Blatt 14, Ruhrgebiet Ost, 1:50.000
Einkehr:	Gasthaus und Biergarten *„Freischütz"*, Schwerte, Hörder Str. 121, Tel. 02304/40266 Gasthaus und Biergarten *„Waldesruh"*, Ostberge 20, Tel. 02304/41654, hausgemachte Kuchen und Hausmacher-Sülze

Sehenswert in Aplerbeck: die Pfarrkirche, eine romanische Basilika aus dem 12. Jh.

11. Am Zusammenfluss von Ruhr und Lenne

Hengsteysee-Brücke – Lennemündung – Ruhr – Haus Husen – Husener Mühle – Naturfreundehaus – Kückshausen – Wanne – Syburg – Spielbank – Burgruine Hohensyburg – Schiffsanlegestelle – Schiffsrundfahrt auf dem Hengsteysee

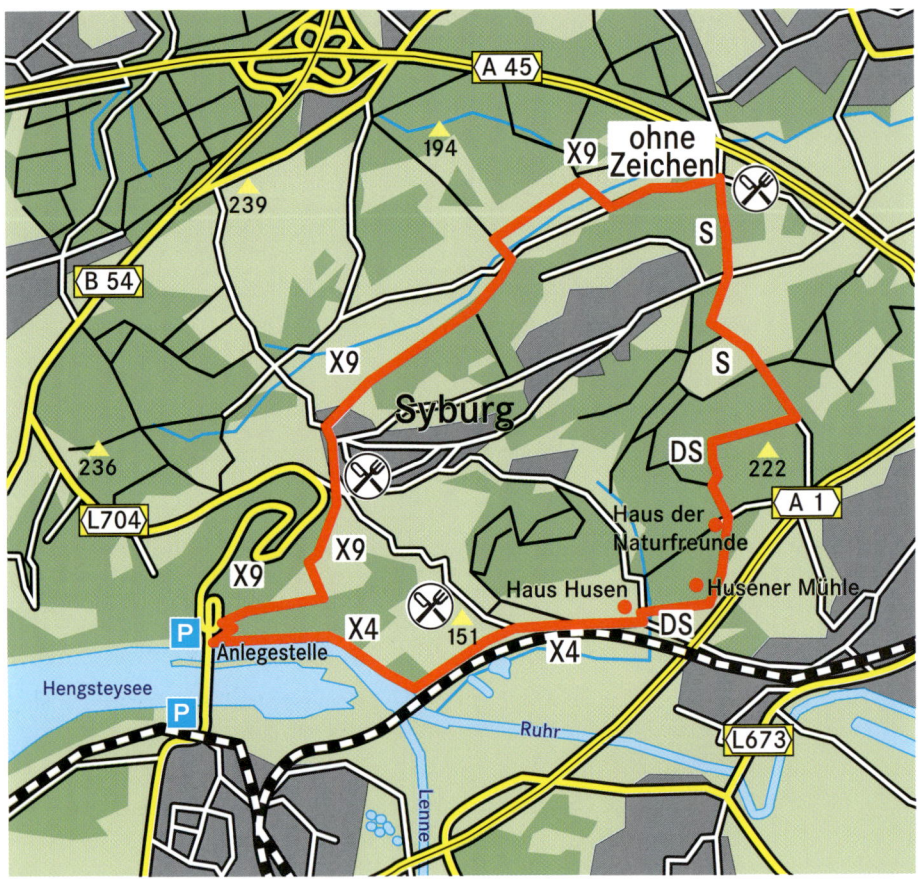

Dortmund / Schwerte

Am Zusammenfluss von Ruhr und Lenne

Anfahrt PKW:	A 45, AS Dortmund-Süd, B 54, L 704/Hohensyburgstr., nach 2,7 km rechts in die Hengsteystr. P bei der Schiffsanlegestelle am Hengsteysee, Parkplätze vor und hinter der Brücke
Anfahrt VRR:	Ab Hagen Hbf: Bus 544 ➔ Dortmund-Syburg Casino bis H Hagen-Hengsteysee
Wanderstrecke:	Rundwanderung: 10 km, *Höhenprofil:* 89-240 m; kombinierte Wanderzeichen: X4, S, ohne Wanderzeichen, X9
Wanderkarte:	Freizeitkarte, Blatt 14, Ruhrgebiet Ost, 1:50.000
Einkehr:	am Weg und in Syburg
Seerundfahrten:	mit dem Personenschiff ab Karfreitag bis Mitte Oktober bei gutem Wetter sonntags ab 10 Uhr, werktags ab 14 Uhr; Bordküche mit Getränken, kleinem Imbiss, Kaffee und Kuchen; Tel. 02330/72981.
Sehenswert:	die Pfarrkirche von Syburg, 799 unter Karl dem Großen gegründet, heutige Form aus dem 12. Jh. Burgruine Hohensyburg, Vincke-Turm, Kaiser-Wilhelm-Denkmal

Vom P an der Lennebrücke bei der Schiffsanlegestelle wandern wir zunächst mit der Hauptwanderstrecke X4 an der Ostseite des Hengsteysees entlang bis zur Mündung der Lenne in die Ruhr. Parallel zur Bahnlinie erreichen wir Haus Husen, überschreiten wenig später die Westhofener Straße und wandern mit den Zeichen D+S an der Husener Mühle vorbei durch Wald zum Naturfreundehaus. Das S führt uns nordwärts über Kückshausen zum Gasthaus, wo wir der Straße ohne Zeichen nach links folgen, um bald darauf nach rechts abzubiegen. Nach kurzer Zeit wieder links treffen wir auf das Zeichen X9. Über Wanne wandern wir nach Syburg und zur Spielbank. Bei der Ruine Hohensyburg, beim Vincke-Turm und Kaiser-Wilhelm-Denkmal erfreuen wir uns an der beeindruckenden Aussicht auf den See und den Zusammenfluss von Ruhr und Lenne. Steil verläuft der Weg nun hinunter bis zum P und zur Schiffsanlegestelle.

Die beschauliche Rundfahrt über den See vermittelt noch einmal aus einer anderen Perspektive einen nachhaltigen Eindruck vom Reiz dieser Landschaft.

12. Rheinfähre und Rheinuferweg bei Kaiserswerth und Langst-Kierst

Fähre – Uferweg – Nierst – Langst-Kierst – Fähre

Anfahrt PKW:	A 59, AS Duisburg-Süd, B 288, B 8 bis Kaiserswerth, An St. Swidbert, Fährerweg 🅿 Kaiserswerth, Rheinfähre und auf der Rheinseite gegenüber in Langen-Kierst
Anfahrt VRR:	Ab Düsseldorf Hbf: U 70/76 ➔ Krefeld, **H** Meerbusch Haus Meer, umsteigen Bus 839 bis **H** Zur Rheinfähre
Wanderstrecke:	Rundwanderweg A3, 7,5 km, *Höhenprofil:* 26-32 m
Wanderkarte:	Freizeitkarte, Blatt 13, Ruhrgebiet West, 1:50.000
Einkehr:	Gasthäuser mit Biergärten in Kaiserswerth und am Weg. Gasthaus „*Alte Rheinfähre*", Fährerweg 22, Tel. 0211/401134, wechselnder Mittagstisch, reichhaltiges Kuchenangebot

Sehenswert in Kaiserswerth: Ruinen der Kaiserpfalz, 12. Jh.

Für ein kleines Entgelt setzen wir mit der Auto- und Personenfähre nach Langst-Kierst über. Mit dem A3 wandern wir durch das Landschaftsschutzgebiet „Die Spei" am natürlichen Rheinufer entlang. Dann – Acht geben – wenden wir uns rund 1 km vor den Hochspannungsmasten westlich nach Nierst. Von dort mit A3 und X5 durch das Dorf und auf Feldwegen nach Langst-Kierst. Mit der Fähre überqueren wir wieder den Rhein und stärken uns abschließend im Gasthaus „Alte Rheinfähre" mit schönem Blick auf den Rhein und die an uns vorbeiziehenden Schiffe.

Ennepetal

13. Im Tal der Ennepe

Peddenöde – Tal der Ennepe – Brenscheid – Eicken – Dörnen – Finkenberger Mühle – Peddenöde

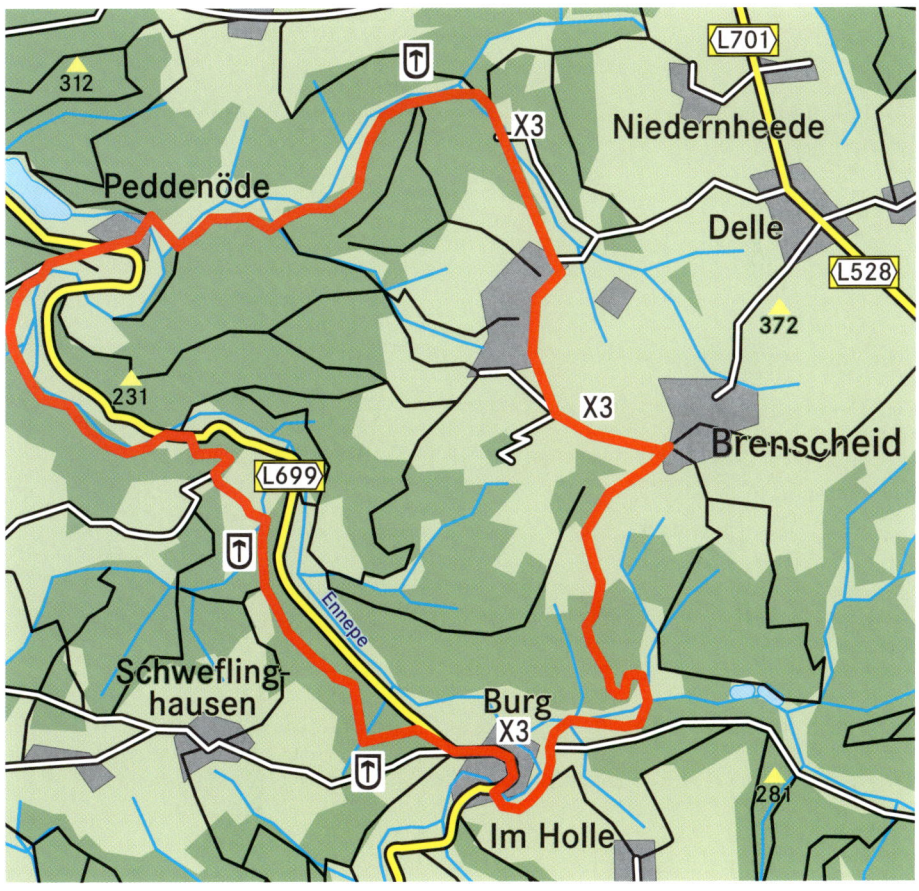

Anfahrt PKW:	von B 7/Kölner Str. in Ennepetal abbiegen auf L 702 (Friedrichstr. oder Neustr.), L 699 bis Peddenöde bzw. Burg 🅿 Peddenöde oder Burg
Wanderstrecke:	Rundwanderung, 9,5 km, *Höhenprofil:* 216-374 m, über die einsamen Höhen und im Tal der Ennepe
Wanderzeichen:	🇹 (Rundweg Ennepetal), X3
Wanderkarten:	Grüne Reihe, Blatt 17, Hagen, 1:25.000 Freizeitkarte, Blatt 14, Ruhrgebiet Ost, 1:50.000
Einkehr:	Gasthaus „*Burger Mühle*" in Burg, Burg 27, Tel. 02333/75556, durchgehend warme Küche, sonntags gibt es u.a. leckeren Schweinebraten, Mo. und Di. Ruhetage

14. Für Wanderer und Seefahrer

Von Kupferdreh nach Werden und mit dem Fahrgastschiff über den Baldeneysee zurück

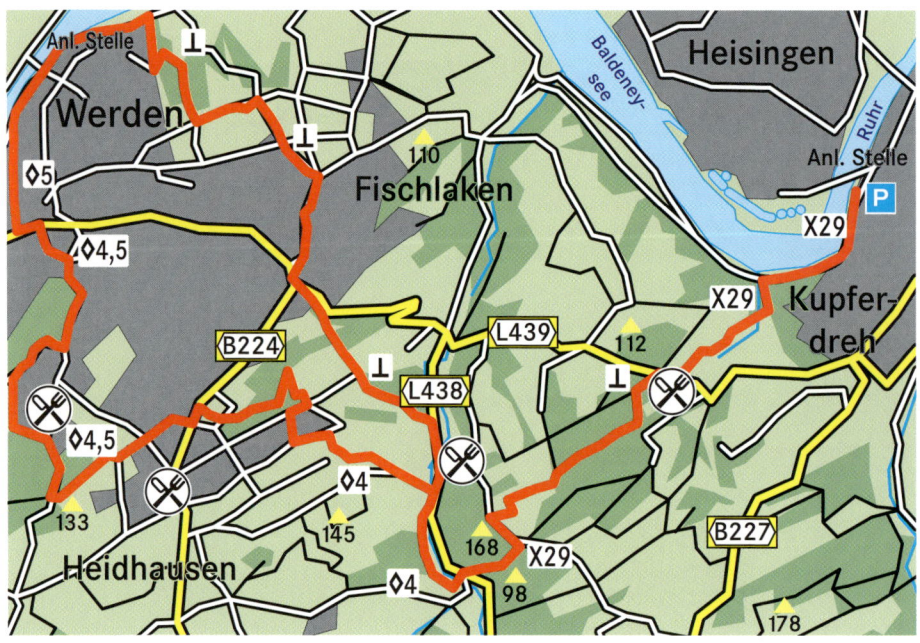

Anfahrt PKW:	A 52, AS Essen-Bergerhausen, B 227, in Heisingen Wuppertaler Str., Kampmannbrücke, Prinz-Friedrich-Str. 🅿 bei der Schiffsanlegestelle in Kupferdreh
Anfahrt VRR:	Ab Essen Hbf oder Wuppertal Hbf: RB 49 bis H Essen-Kupferdreh Bf
Wanderstrecke:	Streckenwanderung in einem der schönsten Naherholungsgebiete des Ruhrgebiets mit dem Sahnehäubchen einer Schifffahrt über den See. großer Weg = 12 km, Wanderzeichen: X29, ◊4, ◊5 kürzerer Weg = 10 km, Wanderzeichen: X29, ⊥ Höhenprofil: 44-160 m
Wanderkarten:	Grüne Reihe, Blatt 15, Velbert, 1:25.000 Freizeitkarte, Blatt 13, Ruhrgebiet West, 1:50 000
Einkehr:	Gasthäuser am Wanderweg, Kupferdreh, Werden
Sehenswert:	Mineralienmuseum in Kupferdreh, in Werden die ehemalige Benediktiner-Abteikirche, heute Propsteikirche St. Ludgerus, gegründet im 9. Jh., Umbau 13. Jh., eines der bedeutendsten deutschen Denkmäler spätromanischer Baukunst.
Tipp:	Seerundfahrten mit der Weißen Flotte Baldeneysee ab Mitte April bis Anfang Oktober, Auskunft Tel. 0201/8404360

Essen

15. Am Ostufer des Baldeneysees – Rundweg Kupferdreh

Rundweg Kupferdreh
Kupferdreh – Baldeneysee – Kutel – Rodberg – Kupferdreh

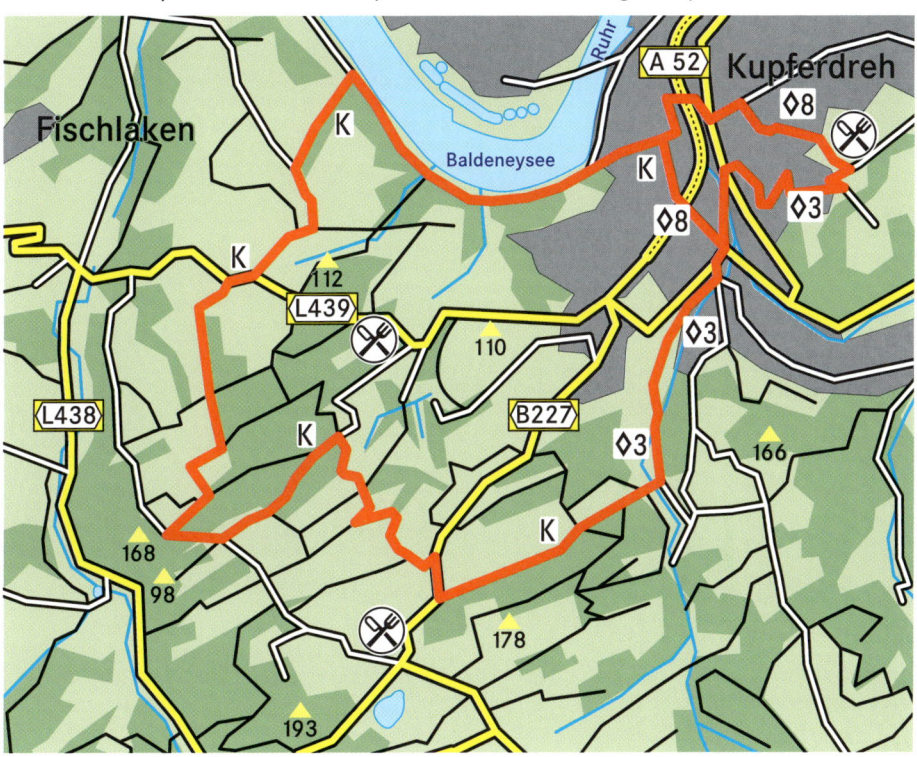

Anfahrt PKW:	A 52, AS Essen-Bergerhausen, B 227 (s. Wanderung 14) 🅿 Nähe Bahnhof Kupferdreh
Anfahrt VRR:	Ab Essen Hbf oder Wuppertal Hbf: RB 49 bis **H** Essen-Kupferdreh Bf
Wanderstrecke:	Wanderungen auf den Höhen des Baldeneysees bei Kupferdreh kleiner Rundweg = 3 km, kombinierte Wanderzeichen: ◇8, ◇3 großer Rundweg = 10 km, kombinierte Wanderzeichen: K, ◇3, ◇8 Höhenprofil: 48-168 m
Wanderkarten:	Grüne Reihe, Blatt 15, Velbert, 1:25.000 Freizeitkarte, Blatt 13, Ruhrgebiet West, 1:50.000
Einkehr:	Gasthäuser in Kupferdreh
Sehenswert in Kupferdreh:	Mineralienmuseum.
Tipp:	Seerundfahrten mit der Weißen Flotte Baldeneysee ab Mitte April bis Anfang Oktober, Auskunft Tel. 0201/8404360

16. Kulinarischer Baldeneysee – Rundweg Stadtwald

*Schellenberger Wald – Naturschutzgebiet Hülsenhaine –
Schloss Schellenberg – Stadtwald – Haus Baldeney – Haus Ruhreck*

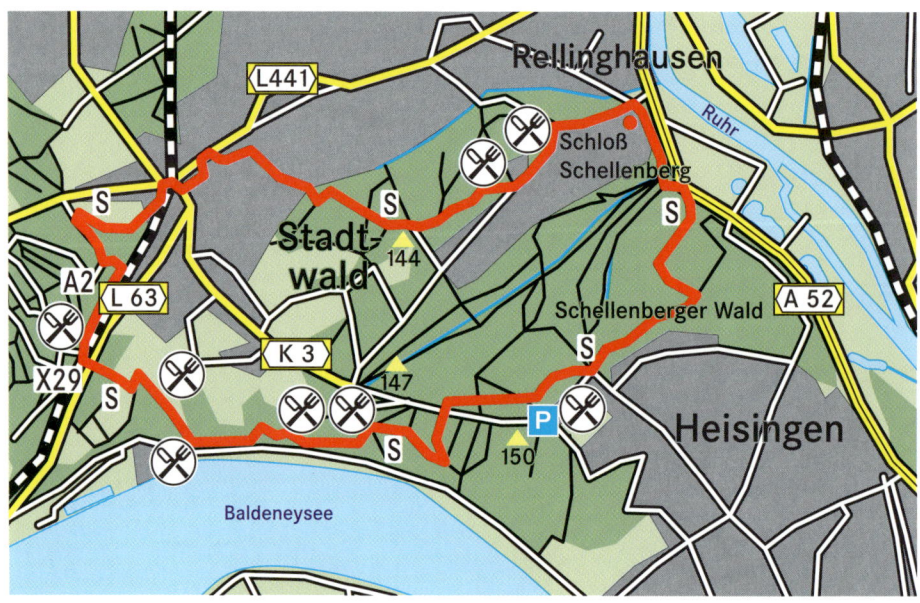

Anfahrt PKW:	A 52, AS Essen-Bergerhausen, B 227, in Heisingen K 3/Königssiepen, Petzelsberg, Heisinger Str.
	Ⓟ Schellenberger Wald, Heisinger Str./Ecke Uhlenstr.
Anfahrt VRR:	Ab Essen Hbf: Bus 145/146 ➜ Flughafen Essen/Mülheim bis **H** Lützenrath
Wanderstrecke:	Rundweg mit den Wanderzeichen S, X29, A2, 9 km; Höhenprofil: 58-149 m
Wanderkarten:	Grüne Reihe, Blatt 15, Velbert, 1:25.000
	Freizeitkarte, Blatt 13, Ruhrgebiet West, 1:50.000
Einkehr:	Gasthäuser am Wanderweg
Sehenswert:	Schloss Schellenberg, 17. Jh., erweitert 19. Jh., mit achteckigem barocken Pavillon im Schlosspark.
Tipp:	Seerundfahrten mit der Weißen Flotte Baldeneysee ab Mitte April bis Anfang Oktober, Auskunft Tel. 0201/8404360

17. Zwischen Sauerland und Münsterland
Auf dem Haarstrang

Bausenhagen – Waldemai – Sunder – Frömern – Backenberg **(207 m, Aussicht)** *– Ostbüren – Bausenhagen*

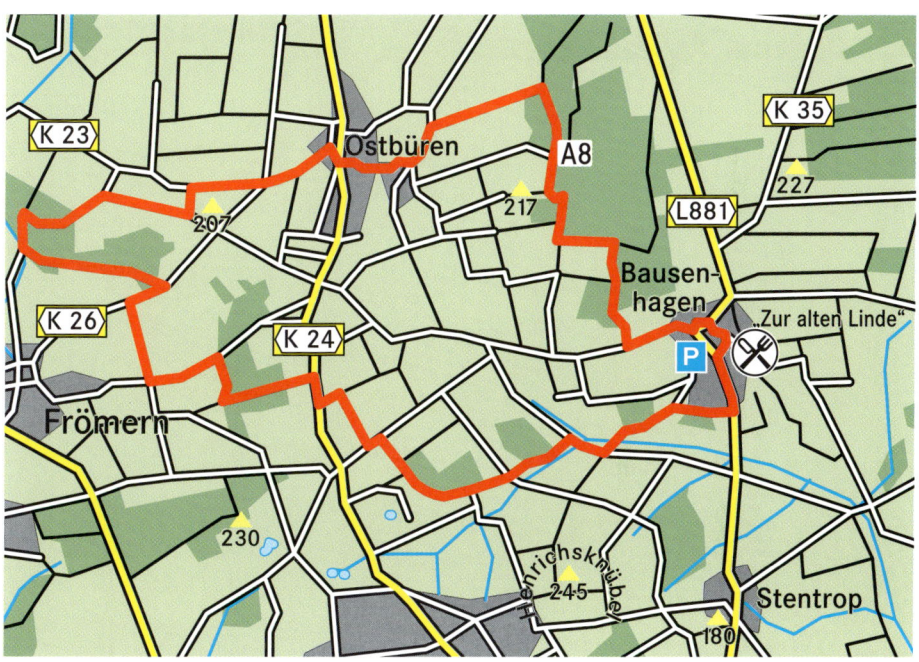

Anfahrt PKW: A 44, Kreuz Unna-Ost, A 443, B 233, K 26, K 23/ Kessebürener Weg, Bausenhagener Str.
Ⓟ Bausenhagen
Wanderstrecke: Rundwanderweg A8, 13 km, *Höhenprofil:* 153-239 m
Wanderkarte: Freizeitkarte, Blatt 14, Ruhrgebiet Ost, 1:50.000

Einkehr: Gastwirtschaft „*Zur alten Linde*" in Bausenhagen, Tel. 02377/2662 (wegen Einkehr bitte vorher anrufen), Mo. und Di. Ruhetage

Der Haarstrang liegt als nördlichster Gebirgszug schon außerhalb des eigentlichen Sauerlandes. Wir wandern durch die fruchtbaren Felder und kleinen Wälder der Haar mit schönen Aussichten.

18. Am Zusammenfluss von Ruhr und Hönne

Fröndenberg – Westick – Ruhruferweg – Warmerfelde – Frohnhausen – Hohenheide – Fröndenberg

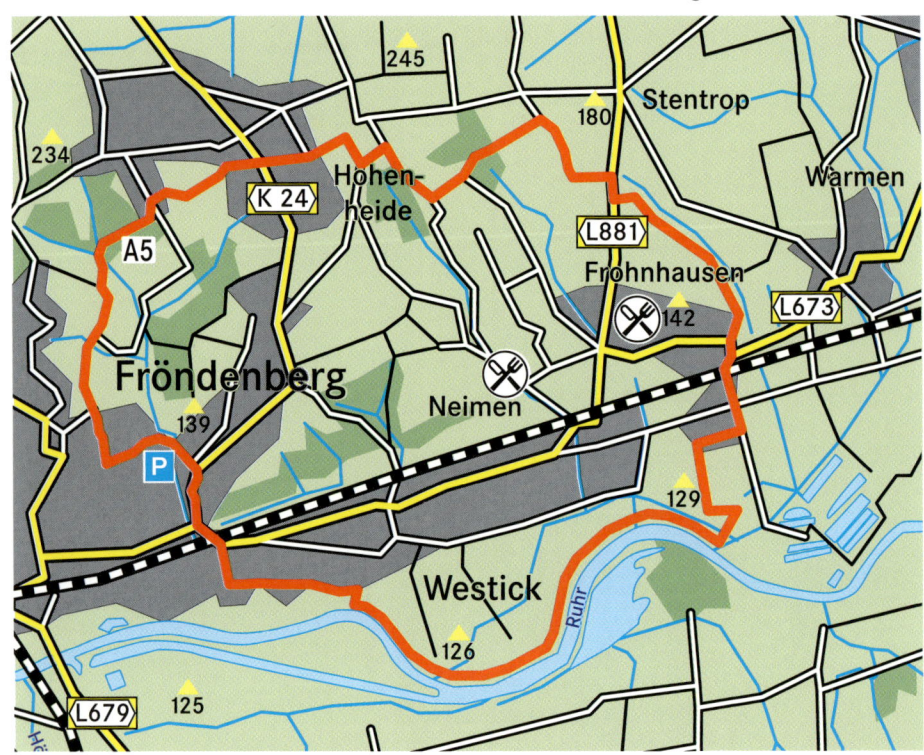

Anfahrt PKW:	A 44, Kreuz Unna-Ost, A 443, B 233, K 26, in Frömern rechts auf L 679, in Fröndenberg links auf Im Wiesengrund, Hirschberg P Fröndenberg, Gesamtschule, Bad, Im Wiesengrund
Wanderstrecke:	Rundwanderweg A5, 10 km, *Höhenprofil:* 124-236 m
Wanderkarte:	Freizeitkarte, Blatt 14, Ruhrgebiet Ost; Blatt 15, Arnsberger Wald
Einkehr:	Gasthäuser in Fröndenberg, Neimen, Frohnhausen, außerhalb: auf der Wilhelmshöhe an der Kreuzung B233 und K26: Restaurant „Zum Bismarckturm", Unnaer Str. 101. Fröndenberg, Tel.: 02378/5903 + 1506, 11.30-14:30 Uhr und ab 17 Uhr, Mittagstisch, Mo. Ruhetag
Sehenswert:	Fröndenberg (130 m) liegt am Südhang des Haarstranges am Zusammenfluss von Hönne und Ruhr. Die Stiftskirche des ehemaligen Zisterzienserklosters, 13. bis 15. Jh., mit Fröndenberger Altar, Orgel und den Grabdenkmälern des Grafen Engelbert von der Mark und seiner Gattin.

19. Vom Stadtwald in Buer zum Schloss Westerholt

Stadtwald Buer – Löchterheide – Möllers – Schloss Westerholt – Golfplatz – Stadtwald Buer

Anfahrt PKW:	A 2, AS Gelsenkirchen-Buer, links in die Emil-Zimmermann-Allee, rechts Kurt-Schumacher-Str., rechts Vom-Stein-Str., rechts Ressestr. ℗ Wanderparkplätze am Stadtwald Buer, Ressestr. und Westerholter Str. (Löchterheide).
Anfahrt VRR:	Ab Recklinghausen Hbf: Bus 249 → Gelsenkirchen-Buer bis **H** Waldschenke
Wanderstrecke:	Rundweg, 9 km, *Höhenprofil:* 69-98 m
Wanderzeichen:	mit X7 in den Stadtwald, ohne Wanderzeichen an den Bachteichen entlang, mit X18, dann A4 nach Westerholt und mit X7 zurück.
Wanderkarte:	Freizeitkarte, Blatt 8, Naturpark Hohe Mark, 1:50.000
Einkehr:	am Weg und in Westerholt, am Wanderparkplatz: Waldschänke *Avino*, Ressestr. 50, Tel. 0209/30455, Mittagstisch, eigene Konditorei, Mo. Ruhetag

Sehenswert in Westerholt: Schloss, ehemals Wasserburg, aus dem 18./19. Jh., gotische Kirche, 15. Jh., mit Altar und Kanzel aus dem 17. Jh. und spätgotischem Taufstein, Altstadt mit schönen Fachwerkhäusern.

20. Zwischen Ennepetal und Hagen
Hasper Talsperre

Plessen – Talsperre – Landeplatz – Egge – Plessen

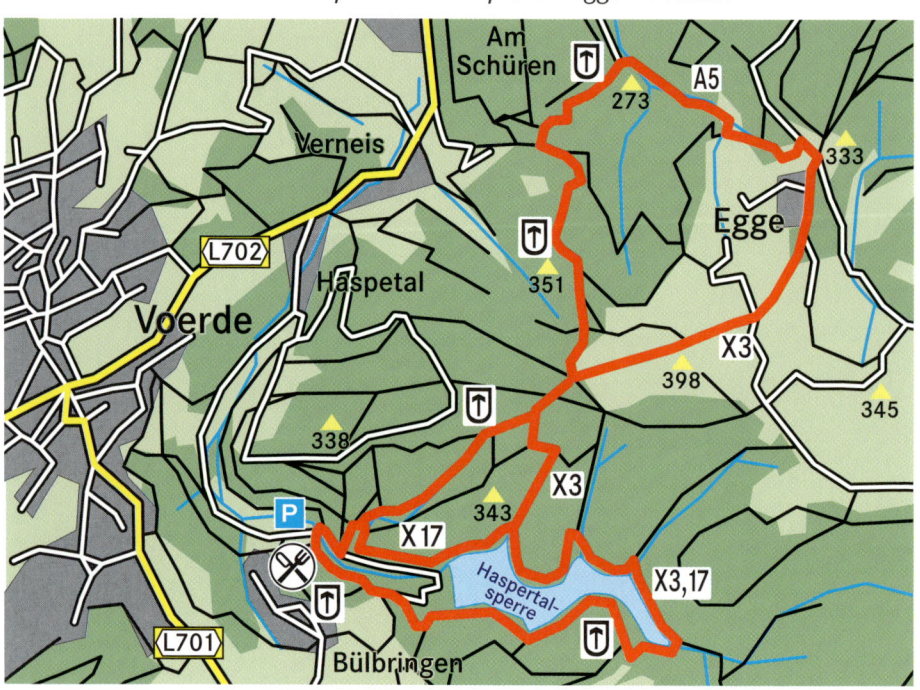

Anfahrt PKW:	A 1, AS Gevelsberg, L 527n, links auf B 7, rechts Asker Str., Bergstr., in Ennepetal-Voerde links auf Wilhelmstr., links L 702/Hagener Str. rechts Talsperrenweg 🅿 Plessen
Anfahrt VRR:	Ab Ennepetal (Gevelsberg) Bf: Bus 551 ➔ EN-Voerde, 🚏 EN Bus-Bf umsteigen Bus 567/574 ➔ Breckerfeld bis 🚏 Bülbringerstr.
Wanderstrecke:	Rundweg um die Hasper Talsperre, 5 km, geringe Steigungen, *Wanderzeichen:* 🚏, X17 Großer Rundweg: 9 km, *Höhenprofil:* 217-389 m *Wanderzeichen:* X17, X3, A5, 🚏
Wanderkarten:	Grüne Reihe, Blatt 17, Hagen, 1:25.000 Freizeitkarte, Blatt 14, Ruhrgebiet Ost, 1:50.000
Einkehr:	am 🅿 Gasthaus *Plessen*, Talsperrenweg 114, Tel. 02333/3533; Mittagstisch, Kaffee und Kuchen, Do. Ruhetag

Wir wählen zwischen einem 5 km langen Rundweg um die waldreiche Hasper Talsperre und dem 9 km langen Wanderweg, der uns zunächst mit X17 bei der Staumauer aufwärts auf schönen Waldwegen – jetzt mit X3 ! – zum Landeplatz und weiter auf Feldwegen über aussichtsreiche Höhen führt. Hinter Egge folgen wir dem Zeichen A5 links nordwestlich ca. 1 km. Beim Punkt 223 geht es mit dem umrandeten Pfeil des Ennepetaler Rundweges südlich durch prächtigen Wald über die Höhe 351 zum Ausgangspunkt zurück.

Hagen

21. Schloss und Märchenwald in Hohenlimburg

Märchenwald – Wesselbach – Schleipenberg – Egge – Piepenbrink – Märchenwald

Anfahrt PKW:	A 45, AS Hagen-Süd, L 693, B 7, zum Märchenwald rechts auf Alte Stadt, links auf Piepenbrink; zum Schloss ebenso auf B 7, rechts auf Bahnstr., rechts auf Herrenstr., geradeaus auf Neuer Schlossweg, Alter Schlossweg 🅿 Märchenwald oder Schloss
Anfahrt VRR:	Ab Hohenlimburg Bf: Bus 531 ➔ Wesselbach bis **H** Am Schlossberg
Wanderstrecke:	Rundwanderweg A4, 7 km, *Höhenprofil:* 159-317 m
Wanderkarten:	Grüne Reihe, Blatt 17, Hagen, 1:25.000
	Freizeitkarte, Blatt 14, Ruhrgebiet Ost, 1:50.000
Einkehr:	Gasthaus Märchenwald, Piepenbrink 65, Tel. 02334/42758; ganzjährig geöffnet (Märchenwald ab Ende März), Mittagstisch, Kaffeetrinken mit gutem Kuchenangebot, Biergarten und Kiosk; ab Ende August bis Pfingsten ist Mo. Ruhetag
	Schlossrestaurant Hohenlimburg, Alter Schlossweg 30, Tel. 02334/2056; Abendkarte, sonntags und an Feiertagen Mittagstisch und Kaffeetrinken, Mo. und Do. Ruhetage
Sehenswert:	Schloss Hohenlimburg, ein Kleinod aus dem Jahre 1230, bis ins 18. Jh. mehrfach verändert, heute mit Museum und Restaurant.

22. Blankenstein, ein bekannter Ausflugsort über der Ruhr

Burg Blankenstein – Därmann – In den Berken – Gasthaus Krans im Katzenstein – Burg Blankenstein

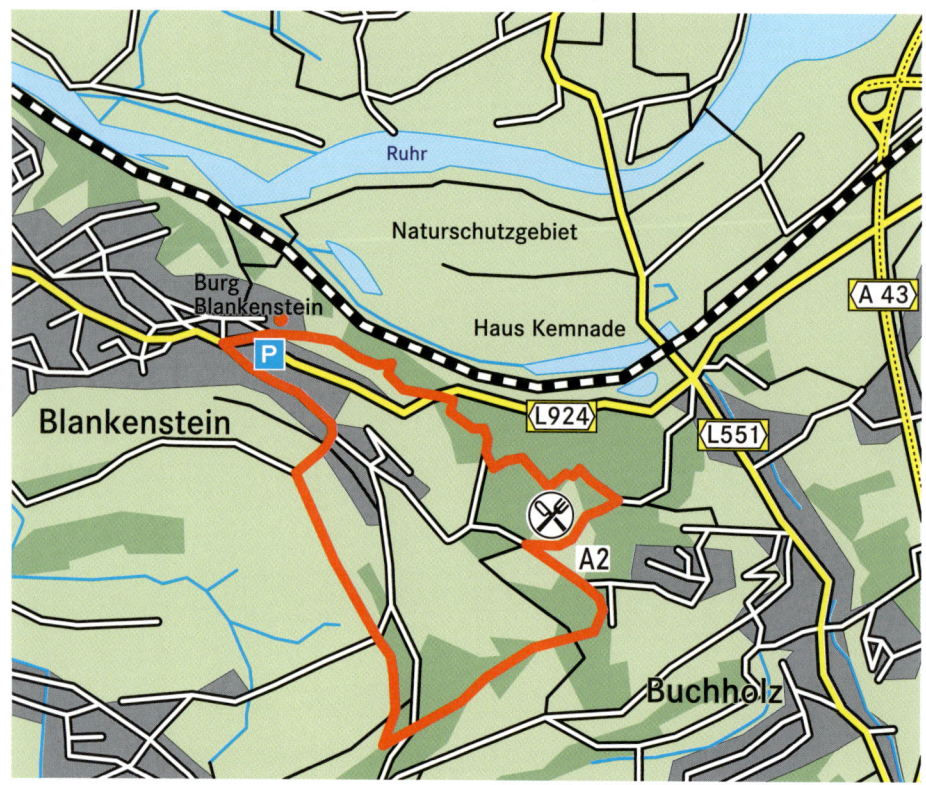

Anfahrt PKW:	A 43, AS Witten-Herbede, L 924/Wittener Str.
	P unterhalb der Burg Blankenstein, Im Tünken
Anfahrt VRR:	Ab Bochum Hbf: CE 31 ➔ Hattingen bis H Im Tünken
Wanderstrecke:	Rundweg A2, 5 km, *Höhenprofil:* 78-204 m
Wanderkarten:	Freizeitkarten, Blatt 13, Ruhrgebiet West, 1:50.000
	Blatt 14, Ruhrgebiet Ost, 1:50.000
Einkehr:	Gasthäuser in Blankenstein (Burg und im Ort)
	Im außerhalb des Ortes gelegenen Gasthaus mit Gartenterrasse *„Krans im Katzenstein"* freuen sich die Kaffeetrinker auf den „bodenlosen" Kaffee, Im Katzenstein 12, Tel. 02334/31209, Do. Ruhetag
Sehenswert:	Die *Burg Blankenstein*, 1227–1277 aus den Überresten der Isenburg errichtet, zählt zu den beliebtesten Ausflugszielen im Ruhrgebiet. Der Ausblick vom 26 Meter hohen Turm ist überwältigend. Ein Spaziergang durch die Sträßchen des Ortes mit den schönen Fachwerkhäusern lohnt ebenso wie ein Spaziergang durch den Irrgarten (Stadtgarten).

Hattingen

23. Wander- und Einkehrparadies Elfringhauser Schweiz

Porbeck – Köllershof und Bergerhof – Laaker Mühle – Höfeld

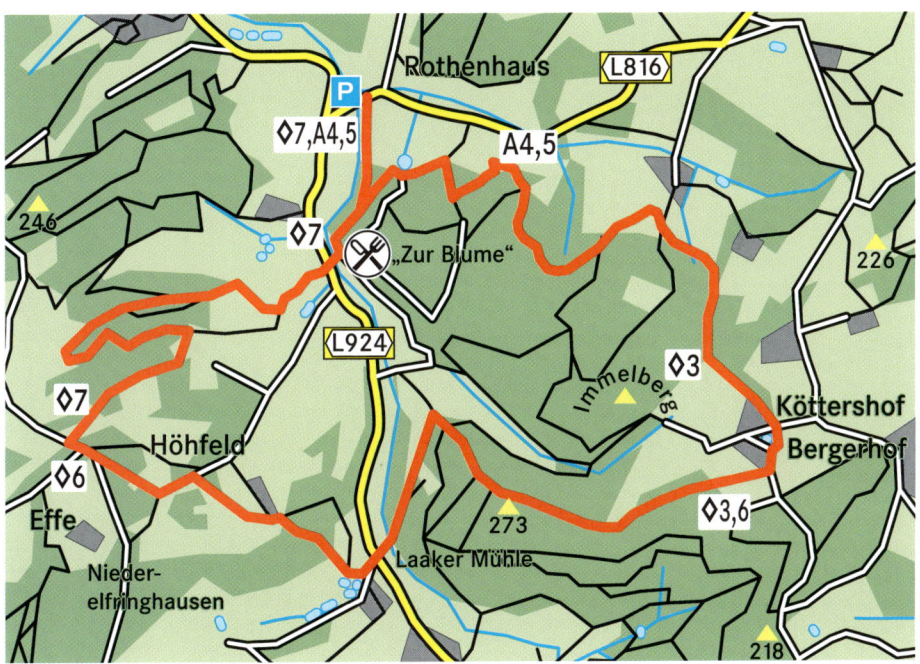

Anfahrt PKW:	von Hattingen über die B 51, L 816/Elfringhauser Str., Wodantal, Elfringhauser Str. 🅿 beim Gasthaus „*Zur Blume*", Elfringhauser Str./Ecke Felderbachstr. 🅿 Bergerhof: von der Elfringhauser Str. in Am Stuten, Oberstüter Str., Berger Weg
Anfahrt VRR:	Ab Hattingen/Mitte Bf: Bus 330 → Niedersprockhövel bis **H** Wodantal
Wanderstrecke:	Rundweg, 10 km, *Höhenprofil:* 116-270 m, herrliche Aussichten,
Wanderzeichen:	A4, ◊3, ◊6, ◊7
Wanderkarten:	KV-Plan Elfringhauser Schweiz, 1:20.000
	Grüne Reihe, Blatt 15, Velbert, 1:25.000
	Freizeitkarte, Blatt 13, Ruhrgebiet West, 1:50.000
Einkehr:	Gasthaus/Biergarten „*Zur Blume*", Felderbachstr., Tel. 02052/2712, Fr. Ruhetag *Bergerhof*, Hattingen-Oberstüter, Berger Weg 8, Tel. 02324/72478; zünftige Einkehr beim Bauern, Kiosk, Mittagessen, Kaffee und Kuchen, Biergarten, Liegewiese, Einkaufen im Bauernladen bis 18.30 Uhr, Bauernmetzgerei Mo.-Sa.

Die Elfringhauser Schweiz ist ein ideales Wandergebiet mit zahlreichen Wanderparkplätzen und Einkehrmöglichkeiten. Das Angebot der Ausflugsgaststätten und Biergärten ist vielfältig. Regionale Spezialitäten von Reibekuchen über die Bachforelle bis zur Gans und die vielerorts hausgebackenen Kuchen und Waffeln erklären die vielen Stammbesucher dieser Erholungslandschaft.

24. Von Hattingen ins Grüne

Altstadt Hattingen – Gasthaus „In den Birken" – Sünsbruch – Oberbredenscheid – Schulenberg – Bismarckturm

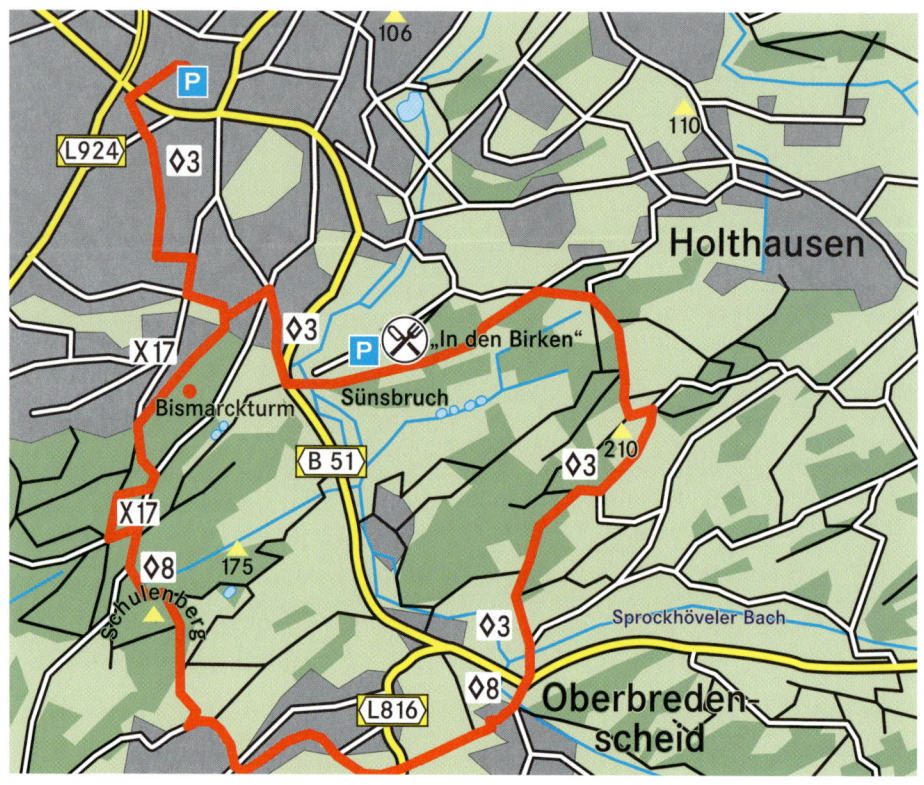

Anfahrt PKW:	B 51, links abbiegen auf Sünsbruch
	℗ Altstadt Hattingen oder Sünsbruch, beim Gasthaus „In den Birken"
Anfahrt VRR:	Ab Essen Hbf: S 9 → Hattingen bis **H** Hattingen/Mitte Bf
Wanderstrecke:	Von der Altstadt zum Rundweg = 1,5 km mit Wanderzeichen ◊3;
	Rundweg (ohne Zugang von der Altstadt) = 8 km;
	Höhenprofil: 82-206 m
	kombinierte Wanderzeichen: ◊3, ◊8, X17
Wanderkarten:	Grüne Reihe, Blatt 15, Velbert, 1:25.000
	Freizeitkarte, Blatt 13, Ruhrgebiet West, 1:50.000
Einkehr:	Gasthäuser in Hattingen,
	Gasthaus „In den Birken", Sünsbruch 45, Tel. 02324/22315;
	täglich Kaffeetrinken, sonn- und feiertags Mittagstisch, Di. Ruhetag
Sehenswert:	Das mittelalterliche Stadtbild mit vielen alten Fachwerkhäusern,
	St.-Georgs-Kirche mit schiefem Turm auf einem der schönsten Kirchplätze Westfalens.

Hemer / Iserlohn

25. Wandern in Ihmert und Ritteressen in Kesbern

Ihmert (360 m) – Höhe 489 m – Schräge Egge (507 m) – Höhe 447 m – bei Rottmecke – Ihmert

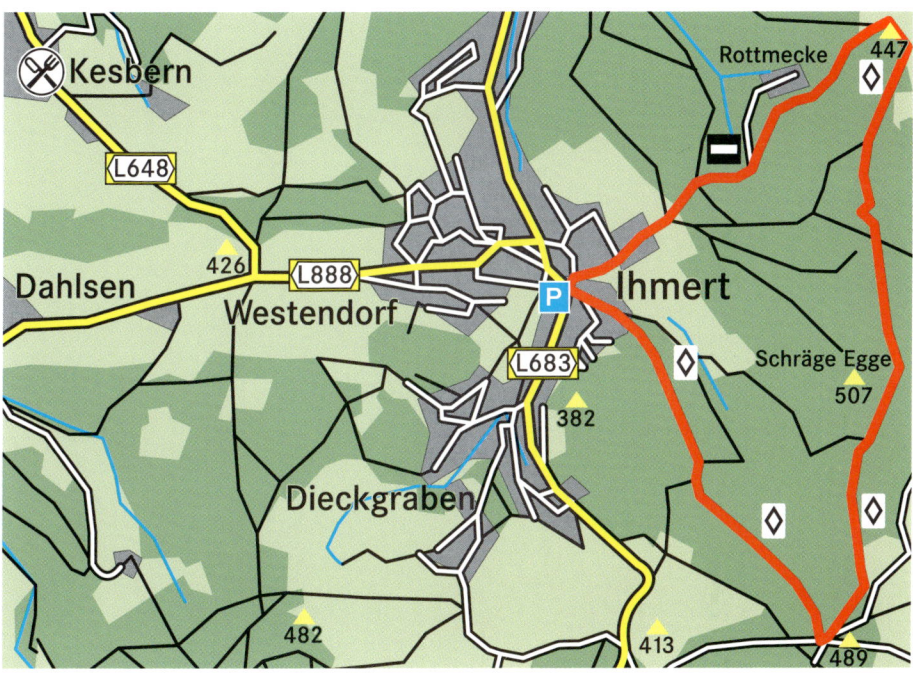

Anfahrt PKW:	A 46, AS Iserlohn-Zentrum, L 648/Dortmunder Str., L 743/Hans-Böckler-Str., L 648/Rahmenstr./Altstadt/Obere Mühle/Kesberner Str., L 888, Ihmert 🅿 Ihmert, bei der Kirche
Wanderstrecke:	Rundwanderweg: 6 km, *Höhenprofil:* 364-503 m
Wanderzeichen:	◇, ▬
Wanderkarten:	Grüne Reihe, Blatt 16, Iserlohn, 1:25.000
	Freizeitkarte, Blatt 14, Ruhrgebiet Ost, 1:50.000
Einkehr:	Gasthäuser in Ihmert
	Kesbern (2,5 km nordwestlich): Hotel und Restaurant *„Daute"*, Tel. 02371/9044-0; täglich Mittagstisch, Kaffeetrinken Sa. und So.
	Eine Spezialität für Gruppen nach Voranmeldung ist das Ritteressen: Zum Essen gibt's kein Besteck, man isst mit den Fingern, das ist der Geck.

Von der Kirche aus gehen wir mit der Raute südöstlich die Straße hinauf. Dann auf Waldwegen stetig aufwärts zum Höhenpunkt 489, dort im spitzen Winkel links mit der Raute nunmehr nördlich weiter auf einsamem Weg. Ab der „Schrägen Egge" verläuft unser Wanderweg bequem stetig bergab. Den Fahrweg links zum Punkt 447 mit schöner Aussicht, nach ca. 100 m wieder links und südwestlich mit dem weißen Balken nach Ihmert zurück.

26. Spannung und Entspannung
Revierpark Gysenberg

Revierpark Gysenberg – Naturschutzgebiet Langeloh – Holthausen – Kaiser-Wilhelm-Turm

Anfahrt PKW:	A 42, AS Herne-Börnig, K 29/Sodinger Str., nach 2,7 km links abbiegen auf Am Ruhmbach
	Ⓟ Revierpark Gysenberg, Am Ruhmbach
Anfahrt VRR:	Ab Herne Hbf: Bus 323 → Siedlung Constantin bis **H** Gysenbergpark
Wanderstrecke:	Rundweg: 8 km, Höhenprofil: 78-126 m, Wanderzeichen: O
Wanderkarte:	Freizeitkarte, Blatt 14, Ruhrgebiet Ost, 1:50.000
Einkehr:	„Haus Galland", Am Ruhmbach 7, Tel. 02323/ 60523, Mittagstisch und Kaffeetrinken, Di. Ruhetag, Do. ab 15.30 Uhr geöffnet

Wir wandern mit dem O zunächst nordöstlich zum Kaiser-Wilhelm-Turm, anschließend durch weite Felder mit Rundblicken auf die schöne Hügellandschaft. In der Ferne grüßt ein Kirchturm herüber oder ein Förderturm erinnert an den einstigen Kohleabbau in diesem Gebiet. Über Holthausen gehen wir zum Naturschutzgebiet Langeloh, dem schönsten Bachtal in Herne. Durch den Gysenberger Wald kommen wir zum Ausgangspunkt.

Sehenswert in Herne: Wasserschloss Strünkede aus dem 16./17. Jh., Emschertal-Museum mit reicher Sammlung zur Vor- und Frühgeschichte, Zechensiedlung Teutoburgia von 1909–1923, Cranger Kirmes, größtes Volksfest im Ruhrgebiet (Anfang August), historische Dorfstraße und Ruine Schloss Crange, eine ehemalige Wasserburg von ca. 1440, Heimatmuseum Wanne-Eickel.

27. Zur Verse- und Fürwiggetalsperre

Niederholte (510 m) – Versetalsperre (393 m) – Werkshagen (494 m) – Gasthaus Fürwiggetalsperre (439 m) – Piener Kopf – Niederholte

Anfahrt PKW:	A45, AS Lüdenscheid-Süd, L 561, links auf L 879, links auf Gasmert und geradeaus auf Niederholte
	🅿 Herscheid-Niederholte
Wanderstrecke:	Rundwanderweg, 9 km, *Höhenprofil:* 389-550 m
Wanderzeichen:	A1, A3, X6, ◊, H
Wanderkarte:	Freizeitkarte, Blatt 20, Naturpark Ebbegebirge, 1:50.000
Einkehr:	Niederholte: *Gasthaus Vedder*, Tel. 02357/2458; in Stottmert: *Landhaus Stottmert*, Tel. 02357/90890, Anfahrt von Niederholte nach Oberholte, Dürhölten, geradeaus weiter auf K 6 nach Stottmert (2,5 km)

Eine eindrucksvolle und abwechslungsreiche Wanderung durch das Sauerland liegt vor uns. Der Weg verläuft mit dem Wanderzeichen A1 von Niederholte zunächst über ein geteertes Sträßchen, dann durch schönen Tannenwald abwärts zur Versetalsperre. Mit dem Wanderzeichen A3 überwinden wir die aussichtsreiche Höhe bei Stillebeul und kommen mit X6 zur Fürwiggetalsperre, wo uns das Gasthaus zur Rast einlädt. Gestärkt steigen wir mit dem Wanderzeichen Raute (◊) zu den nordwestlichen Ausläufern des Ebbegebirges auf. Bei gutem Wetter blicken wir zur imposanten Nordhelle hinüber. Beim Höhenpunkt 426 überschreiten wir die Straße und wandern auf einem einsamen Pfad aufwärts zum Piener Kopf und mit H nach Niederholte.

28. Westlich des Rheins – Erholungsgebiet Hülser Berg

Hülser Berg – Dam-, Schwarz- und Rotwildgehege – Hülser Bruch – Imrather Berg – Hubertushof – Hülser Berg

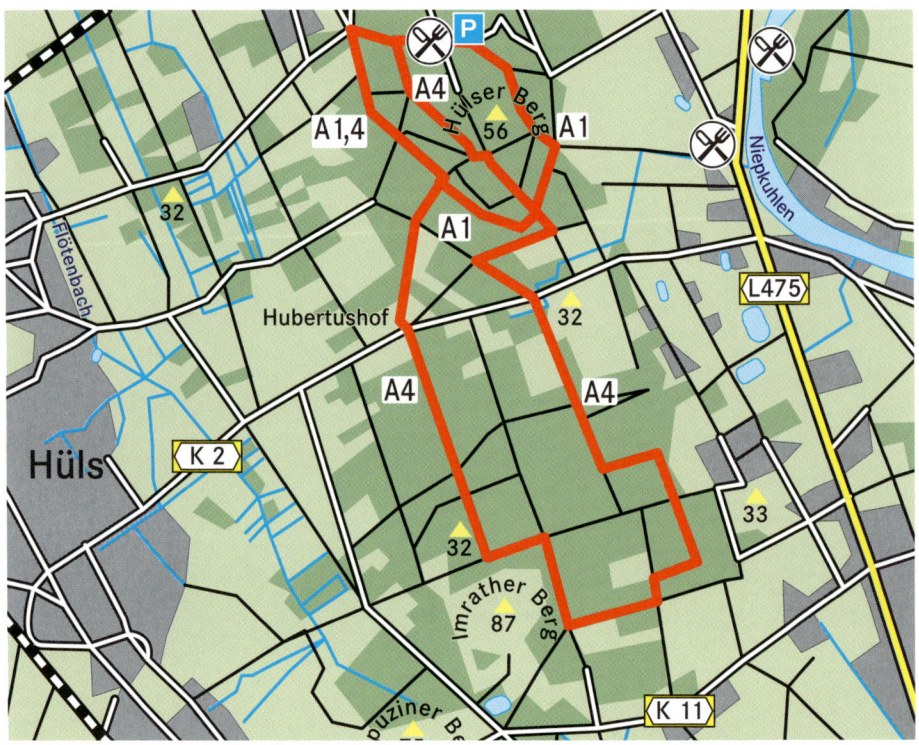

Anfahrt PKW:	A 40, AS Moers (vor dem Autobahnkreuz), L 475/Krefelder Str., Nieper Str., rechts auf Lousbilldyk, geradeaus weiter auf Talring, Rennstieg, Hülser Berg P Krefeld, Hülser Berg, Gasthaus, Wildgehege und Aussichtsturm
Anfahrt VRR:	Ab Krefeld Hbf: Bus 060 → Hülser Berg bis H Hülser Berg
Wanderstrecke:	Rundwege A1 = 2,7 km, A4 = 7,5 km, *Höhenprofil:* 31-64 m
Wanderkarte:	Freizeitkarte, Blatt 13, Ruhrgebiet West, 1:50.000
Einkehr:	Gasthaus *„Hülser Berg-Schänke"*, Tel. 02151/568841, Mittagstisch, Kaffee und Kuchen, täglich 11-24 Uhr; Gasthaus *„Lus Bell"*, Nieper Str. 242, Tel. 02151/561519, Mittagstisch, Kaffee und Kuchen, täglich geöffnet

Lohnend ist ein ein kleiner Abstecher zum nahen Gasthaus *„Lus Bell"*. Das Traditionshaus versorgte schon vor 160 Jahren Fuhrleute und ihre Pferde. Heute begeistern die Wirtsleute ihre Gäste mit einem bürgerlichen Mittagstisch und hausgebackenen Kuchen, vor allem aber mit einer wunderbaren schwedischen Apfel-Sahnetorte. Es ist aber nicht sicher, dass wir einen Platz bekommen. Das Gasthaus ist sonntags rappelvoll. Es hat sich eben herumgesprochen. Aber einen Versuch ist es allemal wert.

29. Waldreicher Ausläufer des Ebbegebirges

Auf der Homert (538 m) und zur Jubachtalsperre (344 m)

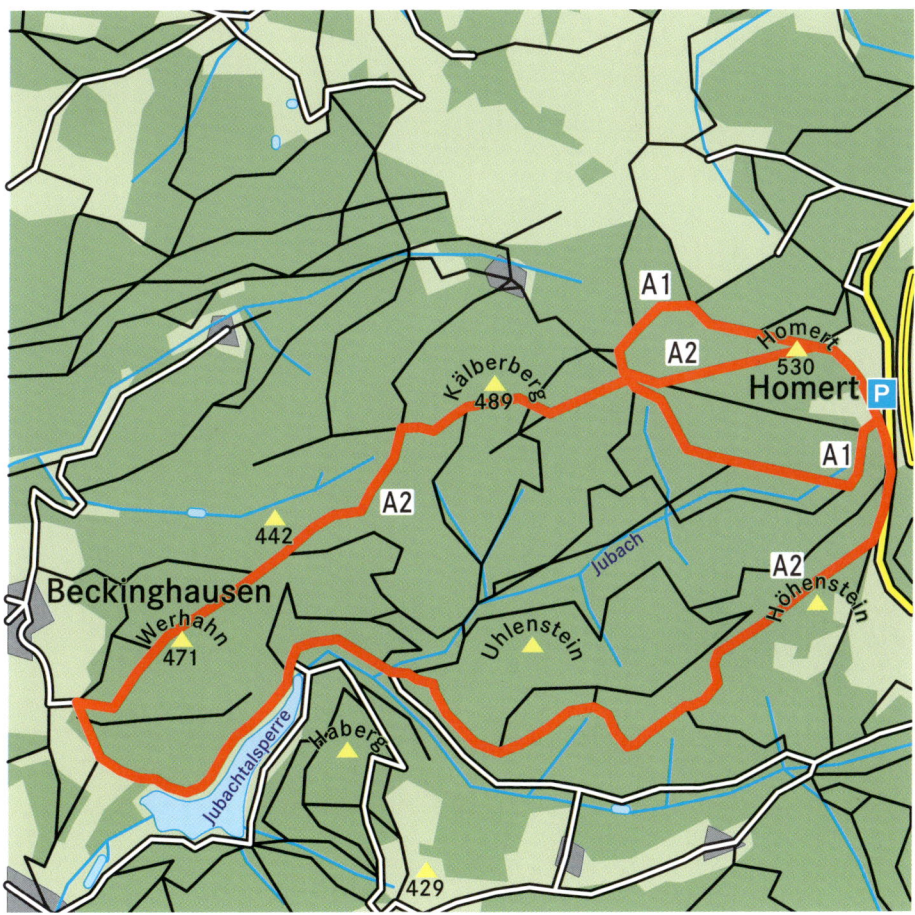

Anfahrt PKW:	A 45, AS Lüdenscheid-Süd, links abbiegen auf L 696/Werkshagener Str. 🅿 Homert
Wanderstrecke:	A1, kleiner Rundweg um die Homert, 3 km, *Höhenprofil:* 444-531 m, A2, von der Homert durch ausgedehnte Laub- und Nadelwälder zur idyllischen Jubachtalsperre, 8,5 km, *Höhenprofil:* 344-528 m Aussichtsturm (530 m) – Kälberberg (489 m) – Wehrhahn (471 m) – Jubachtalsperre (344 m) – Hohenstein (520 m) – Homert (538 m)
Wanderkarten:	Grüne Reihe, Blatt 8, Märkischer Kreis, 1:25.000 Freizeitkarte, Blatt 19, Naturpark Bergisches Land Nord, 1:50.000
Einkehr:	Gasthäuser an der B 54 und in Lüdenscheid

30. Am und auf dem Hennesee

Anfahrt PKW:	A 46, AS Meschede, B 55
	P bei der Brücke am Südende des Hennesees
Wanderstrecke:	9 km, *Höhenprofil:* 317-363 m
Wanderzeichen:	vom P ein kurzes Stück ohne Zeichen, dann A8
Wanderkarten:	Grüne Reihe, Meschede, 1:25.000
	Freizeitkarte, Blatt 15, Arnsberger Wald, 1:50 000
Einkehr:	Am Hennesee, kleine Bordküche auf dem Schiff
Tipp:	Auskunft zur Personenschifffahrt, Saison und Abfahrtszeiten: Tel. 02935/1596

Von den Parkplätzen am südlichen Ende des Hennesees gehen wir ein kurzes Stück ohne Zeichen, dann mit dem A8 auf dem Uferweg immer am See entlang bis zur Staumauer. Zur Schiffsanlegestelle sind es nur wenige Meter. Während der Fahrt auf der „*Hennesee*" erleben wir unsere Wanderstrecke noch einmal vom See aus.

Sehenswert in Meschede: die Pfarrkirche St. Walburga mit einer Krypta aus der Karolingerzeit, die Michaelskapelle aus dem 10 Jh. auf dem Klausenberg gilt als Wahrzeichen Meschedes.

31. Aussichtsreiche Hochfläche Höhenwanderung in Veserde

Veserde – Loh – Todtenhelle – Veserde

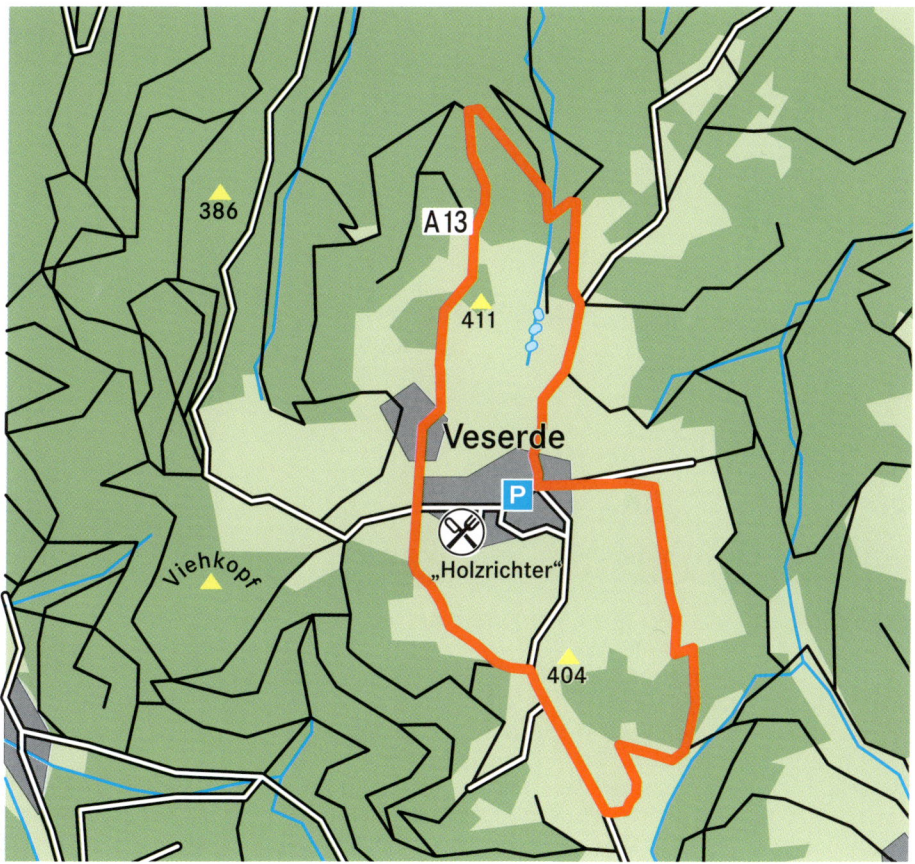

Anfahrt PKW:	A 45, AS Hagen-Süd, L 693, B 7, in Hohenlimburg auf Bahnstr., Herrenstr., Untere Isenbergstr., Lenneuferstr., Unternahmerstr., Wilhelmstr./K 24 bis Veserde ⓟ Veserde
Wanderstrecke:	Rundwanderweg A13, 6 km, *Höhenprofil:* 325-426 m, auf einer Hochfläche durch Feld und Wald mit weiten Aussichten.
Wanderkarten:	Grüne Reihe, Blatt 16, Iserlohn, 1:25.000 Freizeitkarte, Blatt 14, Ruhrgebiet Ost, 1:50.000
Einkehr:	in Veserde: Hotel-Restaurant „Holzrichter", Tel. 0234/2571, Mo.-Mi. und Fr. ab 15 Uhr, Sa. und So. ab vormittags durchgehend, Do. Ruhetag

32. Zwei Wassermühlen und ein Backtag
Brenscheider Mühlen

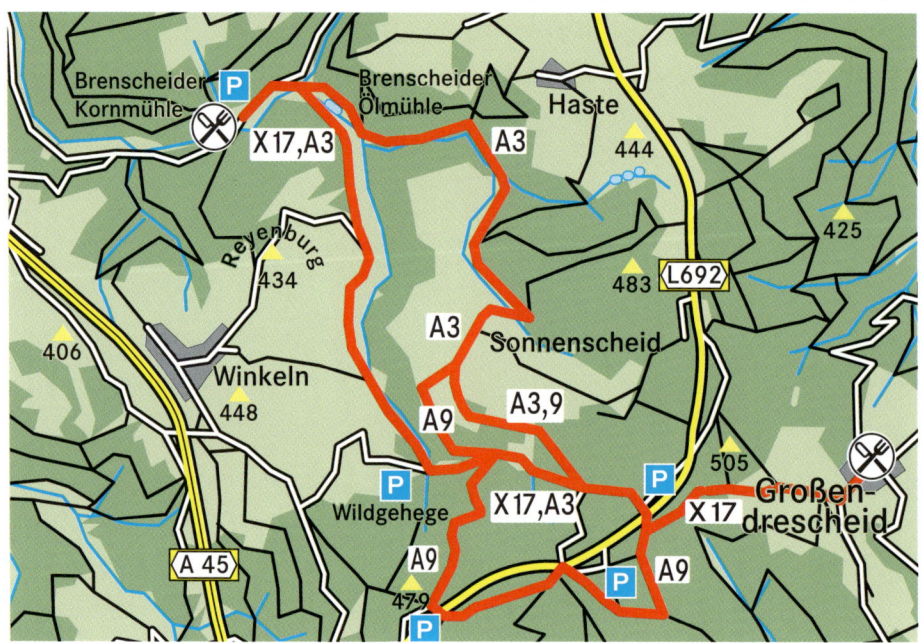

Anfahrt PKW:	A 43, AS Lüdenscheid-Nord, L 692, nach 5,6 km links abbiegen zu den Brenscheider Mühlen
	P Brenscheider Mühlen, Wildgehege und an der L 692
Wanderstrecke:	Rundwanderwege: A3 = 7 km, A9 = 4,5 km, *Höhenprofil:* 314-503 m
Wanderkarten:	Grüne Reihe, Märkischer Kreis, 1:25.000
	Freizeitkarte, Blatt 14, Ruhrgebiet Ost, 1:50.000
Einkehr:	Waldrestaurant *Brenscheider Mühlen*, Biergarten, Tel. 02352/2904, Spezialität: frische und geräucherte Forellen, Mittagstisch und Kaffeetrinken, täglich durchgehend geöffnet von 11-21 Uhr, Di. Ruhetag
	in Großendresched: Gasthof Spelsberg, Tel. 02352/9580-0, täglich Mittagstisch und Kaffeetrinken, Di. Ruhetag
Sehenswert:	Kornmühle, Innenbesichtigung und Vorführung, Infos unter Tel. 02352/30555; Ölmühle, Innenbesichtigung und Vorführung, Infos unter Tel. 02352/1438

Ziel unserer Wanderung durch das Märkische Sauerland bei Nachrodt-Wiblingwerde sind zwei alte Wassermühlen (Korn- und Ölmühle) und eine Forellenräucherei. Nachdem die alte Landbäckerei frühmorgens um 8 Uhr! (am ersten Samstag des Monats von Mai bis Oktober) in der Kornmühle unsere Steinofenbrot-Bestellung entgegengenommen hat, beginnen wir unsere Wanderung durch die waldreiche Umgebung. Gegen Mittag holen wir das bestellte Brot ab, begeben uns zu der gegenüberliegenden Forellenräucherei und lassen uns die frisch geräucherte Forelle und das Brot schmecken. Das nahe Wirtshaus bietet auch Alternativen an. Lohnend ist auch ein Abstecher zum Gasthaus in Großendresched mit Panoramarestaurant.

Nordkirchen

33. Schloss Nordkirchen – das westfälische Versailles

Anfahrt PKW:	A2, AS Castrop-Rauxel/Henrichenburg, B 235, B 236/Selmer Str., in Selm links Lüdinghauser Str., in Nordkirchen auf K 2/Bergstr./Schlossstr. 🅿 Schloss Nordkirchen
Wanderstrecke:	Rundweg 9,5 km, *Höhenprofil:* 57-74 m
Wanderzeichen:	A5, A4
Wanderkarte:	Freizeitkarte Blatt 9, Südmünsterland, Westlicher Hellweg, 1:50.000
Einkehr:	Gasthäuser im Ort; „Schlosskeller", Tel. 02596/3167, täglich Mittagstisch und Kaffeetrinken, wegen zahlreicher Veranstaltungen bitte vorher anrufen, ob das Restaurant geöffnet ist, sonntags stets geöffnet, Ruhetage Mo. und Di.

Nordkirchen ist ein beliebtes Ausflugsziel im südlichen Münsterland. Unser Wanderweg führt durch die weite Waldlandschaft und die Schlossanlagen.

Sehenswert:	Das imposante Barockschloss, eines der größten und schönsten Wasserschlösser des Münsterlandes (erbaut 1703–1729), mit einem weiten, von schnurgeraden Alleen durchzogenen Park. Im Ort: die Pfarrkirche von 1715 mit prächtigem Barockaltar und romanischem Taufstein; Schlossführungen, Info-Tel. 02596/933402

34. Von Olpe nach Attendorn und eine Schifffahrt auf dem Biggesee

Olpe (350m) – Rohde (385 m) – Unterneger (430 m) –
Wallfahrtskapelle Waldenburg (312 m) – Attendorn (310 m) –
Rückfahrt nach Olpe mit dem Fahrgastschiff

Anfahrt PKW:	A 45, AS Olpe, links abbiegen auf B 54/B 55, nach 2,1 km halb rechts halten auf L 512, geradeaus auf In der Wüste
	🅿 Olpe, Bad oder Bahnhof
Wanderstrecke:	Streckenwanderung 16 km, *Höhenprofil:* 266-459 m, aussichtsreiche Wege – Rückfahrt mit dem Fahrgastschiff
Wanderzeichen:	X 22
Wanderkarten:	Grüne Reihe, Blatt 14, Biggesee, 1:25.000
	Freizeitkarte, Blatt 20, Naturpark Ebbegebirge, 1:50.000
Einkehr:	Gasthäuser in Olpe und Attendorn
	kleine Bordküche/Kiosk auf dem Fahrgastschiff

Sehenswert am Wanderweg: Wallfahrtskapelle Waldenburg

Die *Biggetalsperre* wurde von 1956 bis 1965 zwischen Attendorn und Olpe angelegt. Zusammen mit der Listertalsperre ist sie die größte Talsperre in Westfalen. Neben der Bedeutung für die Wasserversorgung des Industriegebietes ist sie auch ein beliebtes Erholungs- und Ausflugsziel.

Olpe liegt zwischen waldreichen Höhen am Zusammenfluss von Olpe und Bigge am Biggesee. Bereits 1311 wurde Olpe zur Stadt erhoben. Von der alten Stadtbefestigung sind der „Hexenturm" und ein Teil der Stadtmauer erhalten.

Attendorn liegt malerisch inmitten bewaldeter Höhen in einem von der Bigge durchflossenen Talkessel. Sehenswert ist die katholische Pfarrkirche, auch Sauerländer Dom genannt, 14. Jh. Die Attahöhle, 1907 zufällig bei Sprengungen entdeckt, ist eine der größten und schönsten Tropfsteinhöhlen Deutschlands. Der Hauptgang ist 3 km lang. Einen Besuch wert ist auch die im 13. Jh. errichtete Burg Schnellenberg, im 17. Jh. in ein Schloss umgestaltet, über dem Biggetal gelegen, mit Schlossmuseum, Gaststätten und Hotel.

Tipp:	Auskünfte zu Saison- und Abfahrtszeiten Personenschifffahrt Biggesee unter Tel.: 02761/9659-0

Von Olpe nach Attendorn und eine Schifffahrt auf dem Biggesee

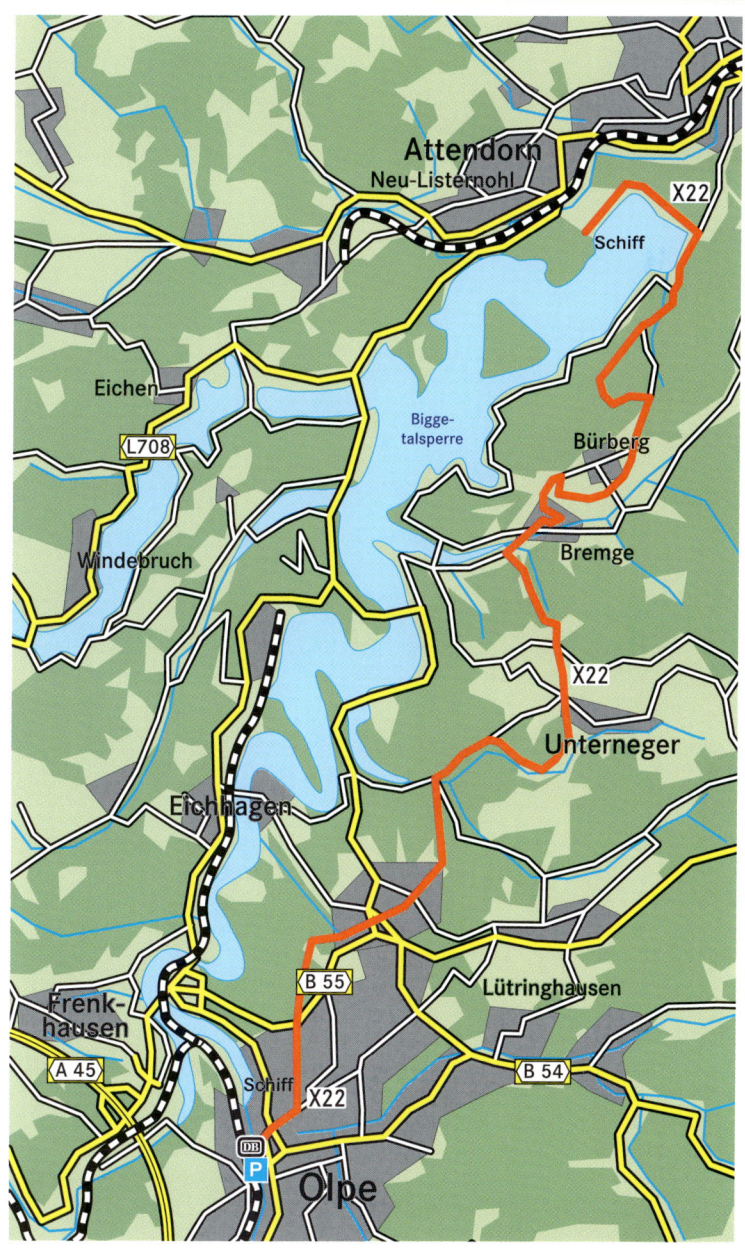

35. Einsame Höhen im Ebbegebirge

Oestertalsperre (363 m) – Hebberg – Haus Ebbe – Rüenhardt – Rehberg (646 m) – Spinne – Oestertalsperre

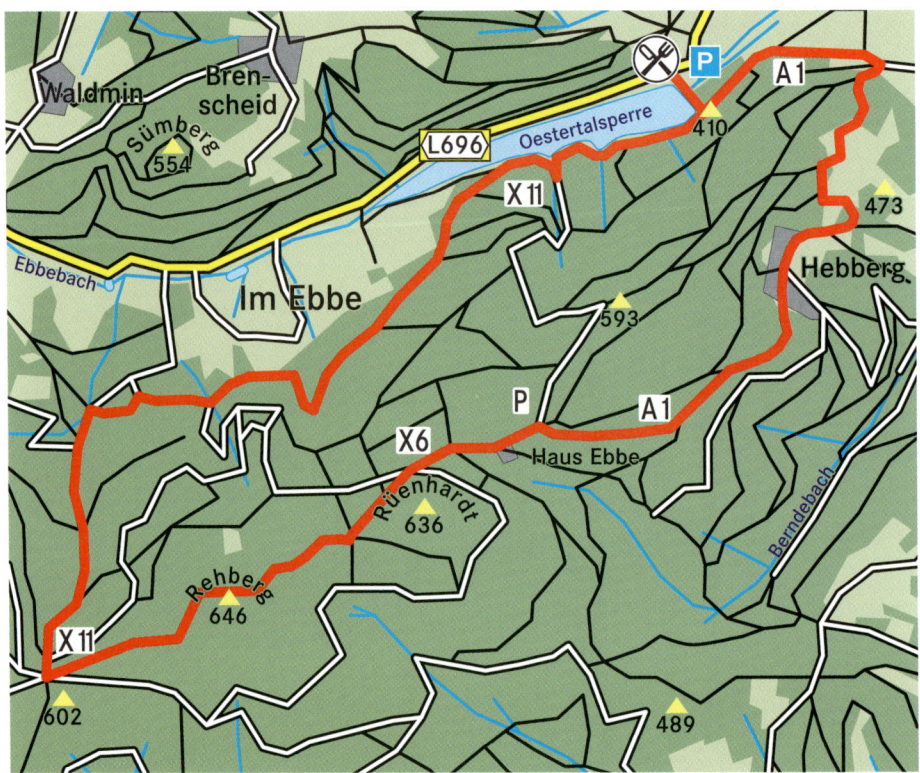

Anfahrt PKW:	A 45, AS Lüdenscheid-Süd, links auf L 561, in Herscheid rechts auf L 707/ Valberter Str., links auf L 696, Oestertalsperre P Oestertalsperre
Wanderstrecke:	Rundweg, 12 km, *Höhenprofil:* 328-632 m, Wanderzeichen: A1, P, X6, X11
Wanderkarten:	Grüne Reihe, Blatt 14, Biggesee, 1:25.000 Freizeitkarte, Blatt 20, Naturpark Ebbegebirge, 1:50 000
Einkehr:	Gasthaus „*Zur Oestertalsperre*", An der Oestertalsperre 1, Tel. 02391/70086, täglich Mittagstisch und Kaffeetrinken, Mo. Ruhetag

Das östliche Ebbegebirge ist von besonderer landschaftlicher Schönheit, mit hohen Bergrücken und engen Tälern. Laubwaldbestände beleben die vorherrschenden dunkelgrünen Fichtenforste auf den auch heute noch einsamen Höhen. Von unserem Wanderparkplatz an der Östertalsperre führt uns der A1 bergauf zum Weiler Hebberg mit schönen Aussichten. Mit dem Wanderzeichen P verläuft der Weg leicht ansteigend bis zum Haus Ebbe. Mit dem X6 wandern wir weiter zur 602 m hoch gelegenen Wegespinne. Rechts abbiegend bringt uns der X11 stetig abwärts durch schöne Waldbestände an unseren Ausgangspunkt zurück.

36. Naturpark Hohe Mark – Staatsforst Dämmerwald

Schermbeck – Naturschutzgebiet Lichtenhagen

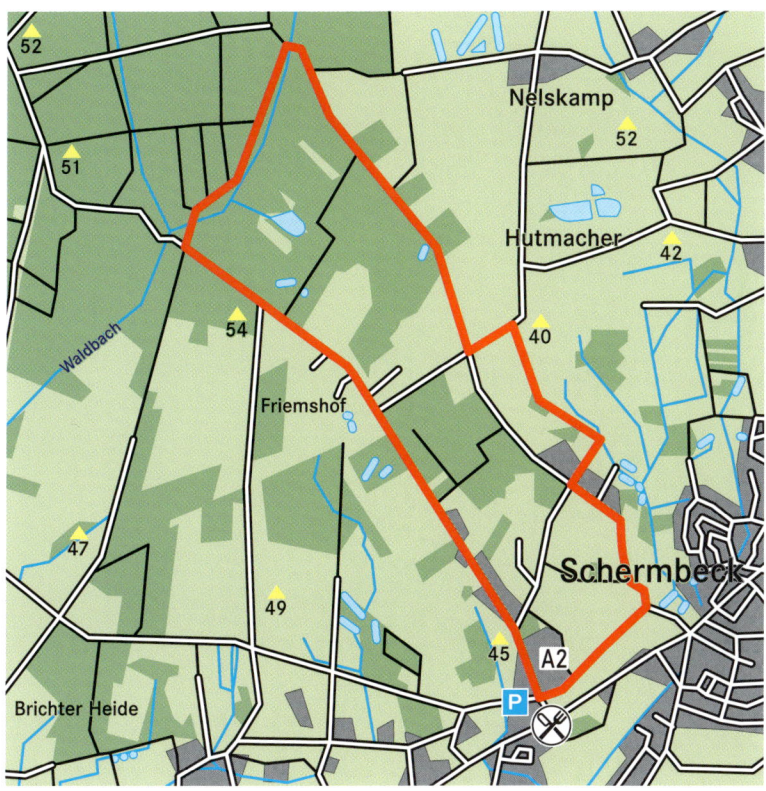

Anfahrt PKW:	A 31, AS Schermbeck (37), B 58, nach 6 km rechts abbiegen auf Weseler Str., nach 0,7 km Hecheltjen
	P Schermbeck, beim Gasthaus „*Hecheltjen*", Weseler Str.
Wanderstrecke:	Rundweg A2, 8,5 km, *Höhenprofil:* 36-53 m
Wanderkarte:	Freizeitkarte, Blatt 8, Naturpark Hohe Mark, 1:50.000
Einkehr:	Gasthäuser in Schermbeck;
	Gasthaus „*Hecheltjen*", Weseler Str. 24 (alte B 58), täglich Mittagstisch, Mo. und Mi.-Fr. von 14.30-18 Uhr geschlossen, Sa. und So. durchgehend geöffnet mit Mittagstisch und Kaffeetrinken, ab Mai Grillen auf der Terrasse, Di. Ruhetag

Sehenswert: Spätgotische Pfarrkirche von 1485 mit einem dreiteiligen Altarbild von 1506, Burganlage (ehemaliges Wasserschloss Schermbeck), erbaut um 1300, mit Resten der Stadtmauer. Nördlich der Lippe breiten sich die weiten Forstbestände des Dämmerwaldes aus. Weite Kiefernkulturen wechseln mit schattigen Laubwäldern. Unser Rundweg führt uns durch die Bauernschaft zum Naturschutzgebiet Lichtenhagen.

37. Kunst und Natur in Cappenberg

Forst Cappenberg – Schloss – See – Werthmarmark – Am Struckmannsberg – Südholz – Cappenberg

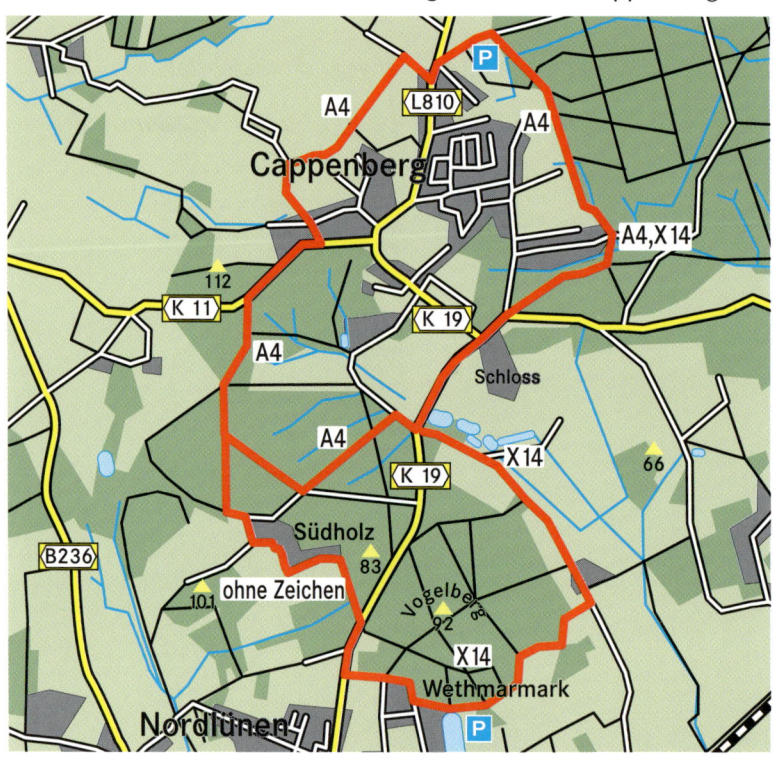

Anfahrt PKW:	A 2, AS Dortmund-Nordost, B 236, K 11 nach Cappenberg oder K 19 Cappenberger See 🅿 Forst Cappenberg an der L 810/Cappenberger Damm/Am Kohuesholz oder 🅿 am Cappenberger See
Wanderstrecke:	Rundweg, 10 km, *Höhenprofil:* 65-111 m
Wanderzeichen:	A4, X14, nach Überschreiten der Cappenberger Straße in das Sträßchen „Am Struckmannsberg" und zum Wald, mit A4 zum Ausgangspunkt. Nur vom 🅿 Forst Cappenberg: Rundweg A4, 7 km, geringe Steigungen
Wanderkarte:	Freizeitkarte, Blatt 9, Südmünsterland, 1:50.000
Einkehr:	Gasthäuser in Cappenberg; Gasthaus/Biergarten „*Mutter Stuff*", Selmer Landstraße 206 (L 507), Tel. 02389/2214, Mittagstisch und Kaffeetrinken, Spezialität: Schinken auf Bauernbrot, ab 10 Uhr geöffnet, freitags ab 14.30 Uhr, Do Ruhetag
Sehenswert:	Schloss Cappenberg mit Museum, heutige Form 17. bis 19. Jh., Besichtigung Di. bis So. 10-17 Uhr, Tel. 02389/534080; romanische Klosterkirche, 16. Jh.

38. Berg und Tal an der Wupper
Obenrüden im Bergischen Land

*Obenrüdener Kotten (70 m) – Klippenberg (196 m) –
Leysiefen (70 m) – Haus Nesselrath – Wupperbrücke –
Haasenmühle – Wipperaue – Talweg – Friedrichstal*

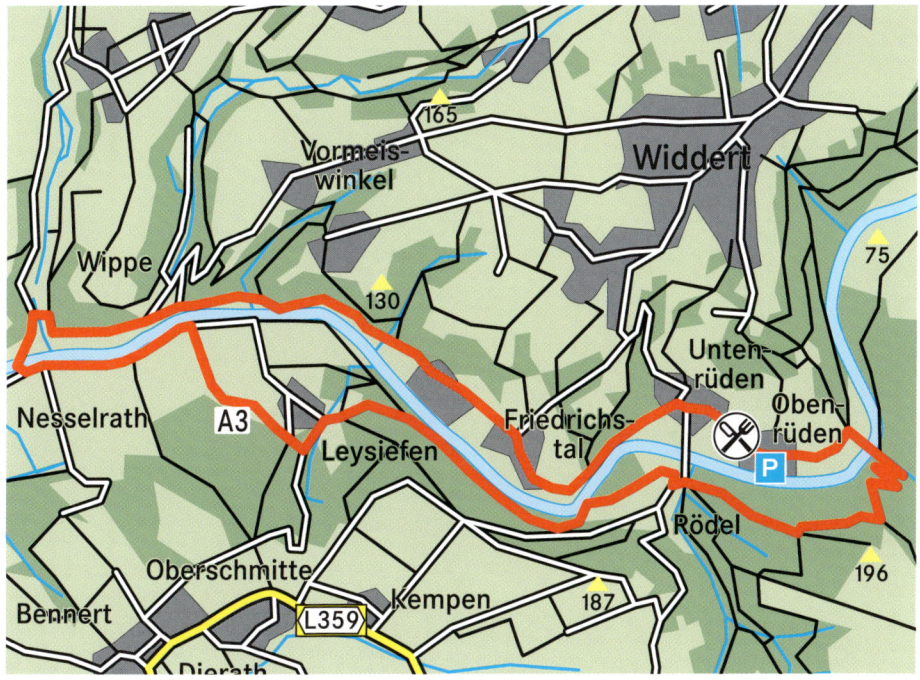

Anfahrt PKW: Richtung Solingen-Höhscheid-Widdert, von der B 229/Schützenstr. auf K 7/Ritterstr./Unnersberger Allee/Eichenstr., links auf L 427/Vockerter Str., geradeaus weiter auf Börsenstr., Severinstr., Rüdener Str.
🅿 Obenrüden, beim Gasthaus „*Rüdenstein*" (an der Wupper)
Wanderstrecke: Rundwanderweg A3, 10 km, *Höhenprofil:* 60-188 m
Wanderkarte: Freizeitkarte, Blatt 18, Köln, Nördliche Ville, 1:50.000
Einkehr: „*Gasthaus Rüdenstein*", Obenrüden 72, Tel. 0212/812314, Mittagstisch und Kaffeetrinken, Spezialität: Bergische Kaffeetafel, Waffeln, Mo. und Di. Ruhetage

Von Obenrüden aus über die Wupperbrücke steigen wir in vielen Serpentinen auf zum Klippenberg mit schönen Aussichten. Bald wieder abwärts nach Fähr, geht es nun durch Wiesen und Wald des Wuppertales. An Leysiefen und Nesselrath vorbei überschreiten wir auf der Brücke die Wupper, wenden uns bei Haasenmühle rechts und wandern im Tal der Wupper über Friedrichstal nach Obenrüden.

39. Seilbahn, Schloss und Schlemmerfreuden
Von der Müngstener Brücke zum Schloss Burg

Müngstener Brücke – Küppelstein – Unterburg – Seilbahn – Oberburg – Schloss Burg – Rückweg mit X 29 durch das Tal der Wupper

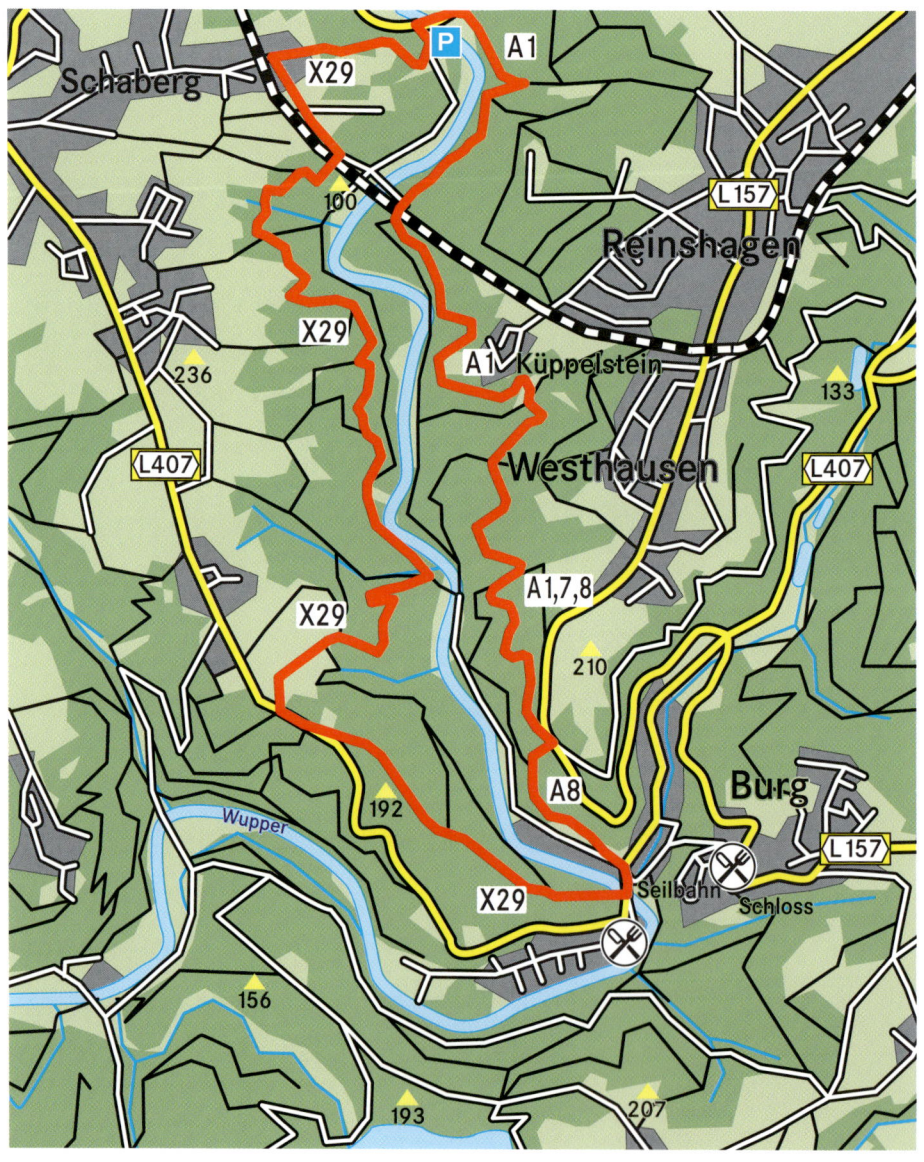

Solingen

Seilbahn, Schloss und Schlemmerfreuden
Von der Müngstener Brücke zum Schloss Burg

Anfahrt PKW:	B 229/Remscheider Str., Müngstener Brückenweg, genau an der Stadtgrenze Solingen/Remscheid 🅿 Müngstener Brücke
Anfahrt VRR:	Ab Solingen Hbf: RB 47 ➔ Wuppertal Hbf bis **H** Solingen-Schaberg
Wanderstrecke:	Rundwanderweg, 13 km, *Höhenprofil:* 90-211 m
Wanderzeichen:	A1, A8, X29 (Teilstück wahlweise ohne Zeichen)
Wanderkarten:	Grüne Reihe, Blatt 2, Wermelskirchen, 1:25.000, Freizeitkarte, Blatt 18, Köln, Nördliche Ville, 1:50.000
Einkehr:	am Weg und in Burg. Berühmt sind die Bergische Kaffeetafel, die Waffeln mit Reis und Zimt oder mit heißen Kirschen und Sahne und die Dröppelminna, eine Zinnkanne mit Kränchen als krönender Abschluss der Gaumenfreude.

Sehenswürdigkeiten und vielbesuchte Ausflugsziele:
Müngstener Brücke, höchste Eisenbahnbrücke Deutschlands, die kühne Eisenkonstruktion von 1897 überspannt in 107 m Höhe das Wuppertal und verbindet die Städte Solingen und Remscheid.

Schloss Burg auf steil hochragendem Bergvorsprung, gilt als Wahrzeichen des Bergischen Landes, mit Museum und kulturellen Veranstaltungen, Infos unter Tel. 0212/242260.

40. Bergische Kaffeetafel und Dröppelminna
Wupper – Sengbachtalsperre – Schloss Burg

*Glüder, Gasthaus – Sengbach – Sengbachtalsperre –
Hörath – Schloss Burg – Talweg der Wupper*

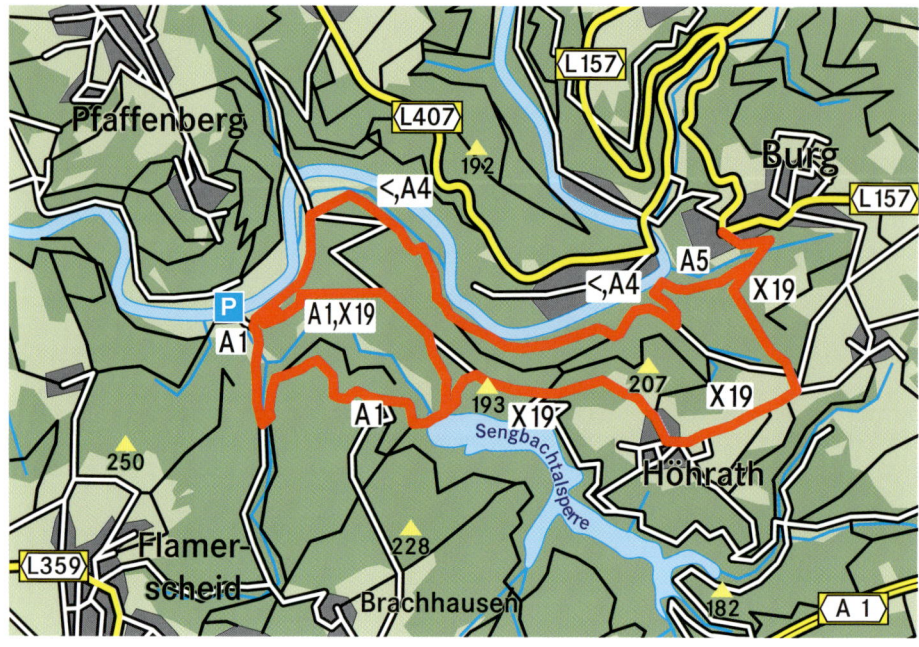

Anfahrt PKW:	In Solingen-Höhscheid von der B 229/Schützenstr. auf K 7/Ritterstr., links auf K 4/Bismarckstr./Pfaffenberger Weg/Balkhauser Weg/Glüder ⓟ Glüder im Tal der Wupper
Anfahrt VRR:	Ab Solingen Hbf: Bus 682/699 ➔ Solingen-Ohligs, H Graf-Wilhelm-Platz, umsteigen Bus 683 ➔ Burg Brücke bis H Burg Brücke
Wanderstrecke:	Rundweg A1, 3,5 km Rundweg über Burg, 9 km, Wanderzeichen: X19, A5, < + A4 beide Wege: *Höhenprofil:* 84-214 m
Wanderkarten:	Grüne Reihe, Blatt 2, Wermelskirchen, 1:25.000 Freizeitkarte, Blatt 18, Köln, Nördliche Ville, 1:50.000
Einkehr:	Gasthäuser in Burg;
Sehenswert:	Schloss Burg, siehe Wanderung 39; in der Nähe am Balkhauser Weg das Schleifermuseum mit alter Wassermechanik, Schleifwerkstatt, alten Säbeln, Degen, Messern, Designer-Atelier; Führungen nach Absprache mit den Eheleuten Knoop, Tel. 0212/45236, Öffnungszeiten: Di.-So. 10-17 Uhr.

Wanderungen durch die Wälder südlich der Wupper zur Sengbachtalsperre (Trinkwasserversorgung für die Stadt Solingen) und nach Burg; von dort an der Wupper entlang nach Glüder.

41. Auf dem Höhenweg des Sorpesees

von Langscheid nach Amecke – zurück mit dem Fahrgastschiff

Anfahrt PKW: A 46, AS Hemer, B 7, L 683, L 682, B 515, B 229, L 544
Ⓟ Sorpesee, Langscheid
Wanderstrecke: 8,5 km, durch eine abwechslungsreiche Berglandschaft östlich des Sorpesees mit schönen Ausblicken, *Höhenprofil:* 255-414 m,
zurück mit dem Fahrgastschiff
kombinierte Wanderzeichen: H, X24, A9
Wanderkarten: Grüne Reihe, Sundern am Sorpesee, 1:25.000
Freizeitkarte, Blatt 15, Arnsberger Wald, 1:50.000
Personenschifffahrt: Saison von April bis Oktober, Auskunft: Tel. 02935/1210
Einkehr: Gasthäuser in Langscheid
In Amecke: Hotel-Restaurant, Biergarten „*Zum Wildpark*", Seestr. 26, Tel. 02393/220470, täglich Mittagstisch und Kaffeetrinken, Do. Ruhetag
Bordküche und Kiosk auf dem Fahrgastschiff

42. Sendeanlagen des WDR – Langenberger Sender

Langenberger Sender – Flasdieck – Künning – Felderbach – Grothen – Fischteiche – Huxel – Jugendherberge – Sender

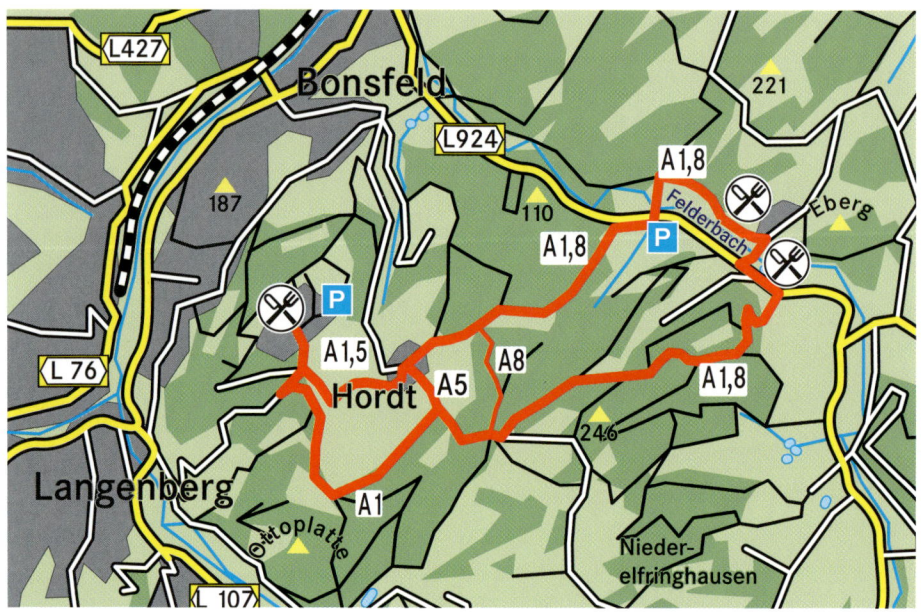

Anfahrt PKW:	wahlweise über die B 51 oder B 227, Ausschilderung nach Langenberg folgen, in Langenberg von der Hauptstr. in die Pannerstr. und links in die K 30/Hordtstr. zum Sender
	P beim Langenberger Sender mit den Sendeanlagen des WDR, Bismarckturm, Jugendherberge, Gasthaus
Anfahrt VRR:	Ab Wuppertal-Barmen Bf: Bus 637 → Nierenhof bis H Pannerstr.
Wanderstrecke:	Rundwanderweg A1, 6,5 km, *Höhenprofil:* 101-243 m, großartige Ausblicke. Kürzere Rundwege mit kombinierten Wanderzeichen: A1, A8 = 3,7 km, A1, A5 = 2,7 km, beide Wege mit *Höhenprofil:* 201-243 m
Wanderkarten:	KV-Plan Elfringhauser Schweiz, 1:20.000
	Grüne Reihe, Blatt 15, Velbert, 1:25.000
	Freizeitkarte, Blatt 13, Ruhrgebiet West, 1:50.000
Einkehr:	*Landgasthaus Huxel*, Felderbachstr. 9, Hattingen, Tel. 02052/6415, Mi.-So. Mittagstisch, Spezialität: fangfrische Forellen aus den Fischteichen am Haus, Kaffeetrinken, im Haus ein kleines Museum mit Uhren und mechanischen Musikinstrumenten, Mo. und Di. Ruhetage
	Forsthaus am Sender, Richard-Tormin-Str. 1, Velbert, Mittagstisch, Spezialität: Wild aus eigener Jagd, Kaffeetrinken, Mo. und Di. Ruhetage
Sehenswert:	Langenbergs romantisches Stadtbild mit alten Fachwerkhäusern und hochgiebeligen Bürgerhäusern des 15.–18. Jh., evangelische Pfarrkirche von 1725/26 mit barocker Kanzel.

Velen 57

43. Im westlichen Münsterland
Bauernschaft bei Velen und Ramsdorf

Velen-Nordvelen – Dorenfeld – Bleking – Gut Barnsfeld – Lobbenberg (68 m)

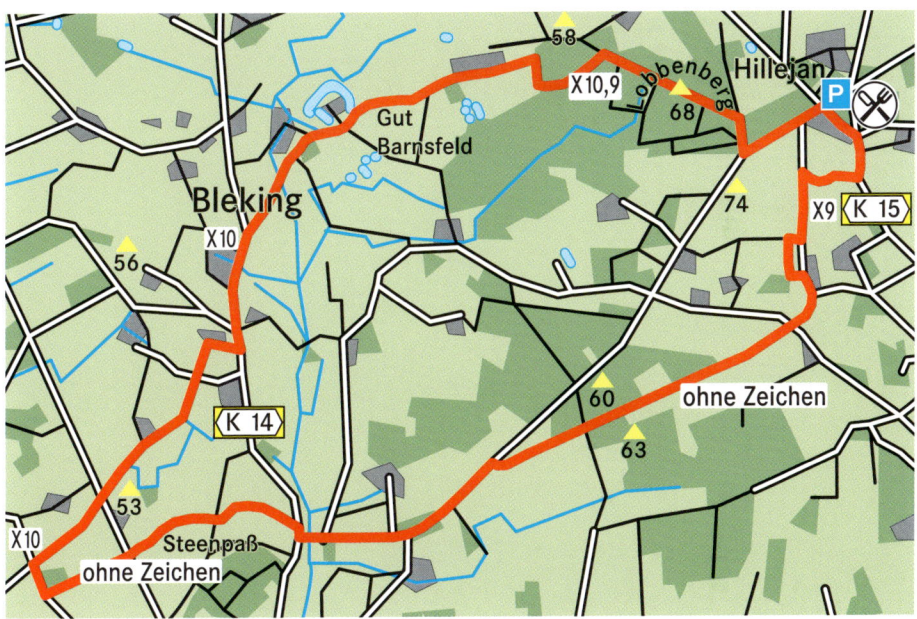

Anfahrt PKW:	A 31, AS Borken, B 67n, L 829, L 581/Kardinal-von-Gahlen-Str./ Coesfelder Str., K 15/Bahnhofsallee/Nordvelener Str. 🅿 Nordvelen, beim Gasthaus „Rappers", an der Straßengabelung Nordvelener Str./Eschstr.
Wanderstrecke:	Rundwanderweg, 12 km, *Höhenprofil:* 49-73 m
Wanderzeichen:	X9, ohne Wanderzeichen, X10, am Lobbenberg mit X10 + X9 zurück zum 🅿
Wanderkarte:	Freizeitkarte, Blatt 8, Naturpark Hohe Mark, 1:50.000
Einkehr:	Gasthaus und Biergarten „Rappers", Velen-Nordvelen, Nordvelener Str. 133, Tel. 02863/1559, Mittagstisch und Kaffeetrinken, hausgebackene Kuchen, Mo. Ruhetag

Wir parken beim Gasthaus „Rappers" und wandern mit X9 zuerst ein kleines Stück westwärts, dann südlich, weiter ohne Zeichen südwestlich über Dorenfeld bis zur Straße K 14, dort rechts und nach wenigen Metern wieder links auf unbezeichnetem Feldweg zum X10 bei Steenpaß, mit diesem rechts und wieder rechts nordöstlich über Gut Barnsfeld und den Aussichtspunkt Lobbenberg zurück zum Ausgangspunkt, wo uns eine gute münsterländische Einkehr für die wohltuenden Anstrengungen der heutigen Wanderung belohnt.

44. Zwischen Haarstrang und Arnsberger Wald Sichtigvor im Tal der Möhne

Sichtigvor – Kattenberg – Romecketal

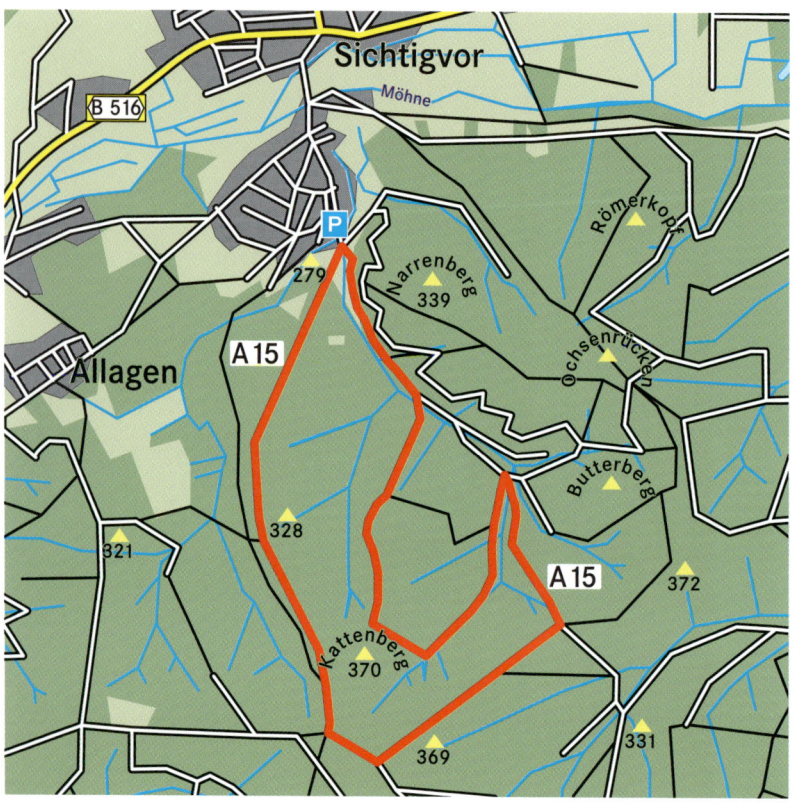

Anfahrt PKW:	A 44 bis AS Soest-Ost, L 856, B 516, in Sichtigvor rechts abbiegen in die St. Georg-Str.
	🅿 Sichtigvor, St. Georg-Str./Arnsberger Wald
Wanderstrecke:	Rundwanderweg A15, 7,5 km, *Höhenprofil:* 249-376 m
Wanderkarte:	Freizeitkarte, Blatt 15, Arnsberger Wald, 1:50.000
Einkehr:	Gasthäuser in Sichtigvor
	Gasthaus Kemkers Bauernstübchen, 1,4 km östlich in Mülheim an der B 516/Ecke Erlenweg, Tel. 02925/2821, täglich 11-23 Uhr, Mittagstisch und Kaffeetrinken, kleiner Biergarten, Wintergarten
Sehenswert:	ehemalige Ordenskommende der Olper Franziskanerinnen aus dem 17. Jh.

Die Ortschaft verlassend (279 m), wandern wir mit dem Zeichen A15 in den Naturpark Arnsberger Wald. Weiter Laubwald begleitet uns während des gesamten Weges zum Kattenberg (370 m) und durch den Habichtsforst in das Romecketal nach Sichtigvor.

45. Aussichten ins Ruhrtal bei Voßhöfen

Höstreichberg – Gut Steinhausen – Am Wildberge

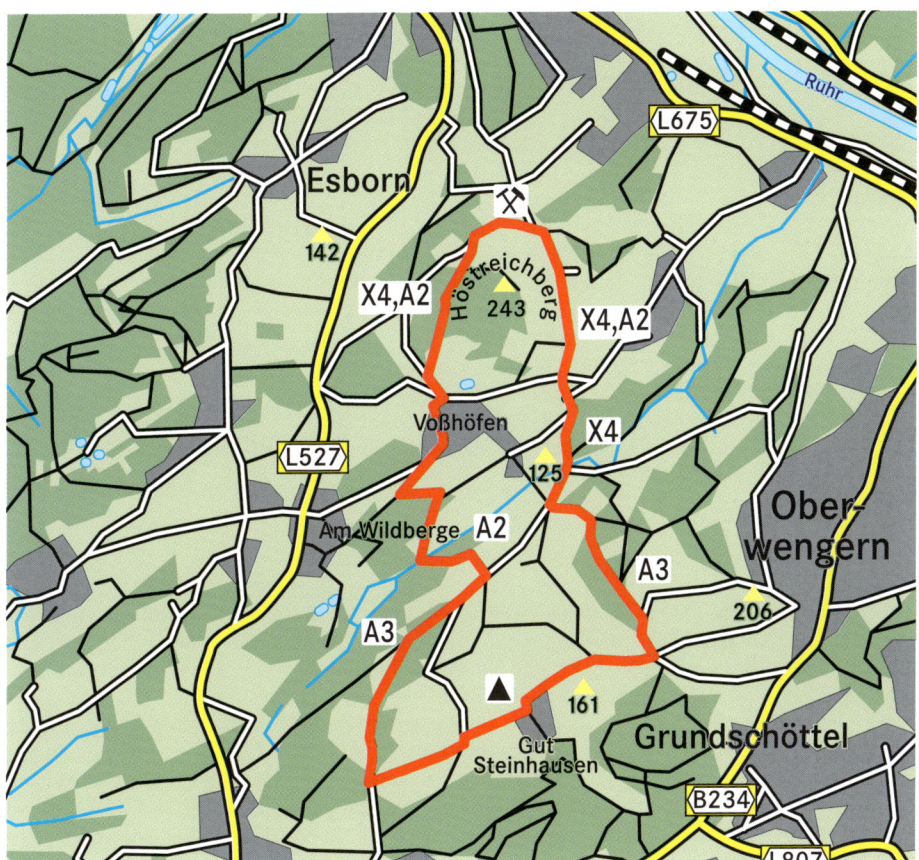

Anfahrt PKW:	A43, AS Witten-Heven, K12, L924, B226, B235/Bodenborn, L 527/ Schmiedestr./Esborner Str., Voßhöfener Str. P Wetter-Voßhöfen
Anfahrt VRR:	Ab Wetter Bf: SB 38 ➔ Gevelsberg Hbf bis **H** Grundschöttel
Wanderstrecke:	Rundweg, 8 km, *Höhenprofil:* 120-251 m
Wanderkarten:	Grüne Reihe, Hagen, 1:25.000, Wanderzeichen: X4, A3, ▲, A2 Freizeitkarte, Blatt 14, Ruhrgebiet Ost, 1:50.000, markiert die Wanderung mit dem Wanderzeichen ⚒ Schlägel und Eisen, Wegeverlauf identisch
Einkehr:	Gasthäuser in den benachbarten Ortsteilen Wengern und Albringhausen

In Voßhöfen wandern wir zunächst nördlich um den 243 m hohen Höstreichberg und genießen eine weite Aussicht in das Ruhrtal. Beim Gut Steinhausen beachten wir zwei besonders mächtige alte Bäume (Naturdenkmäler). Achtung: „Am Beisenbruch" rechts nach Voßhöfen.

46. Ardeygebirge und Harkortsee
Streckenwanderung von Wetter nach Herdecke
und eine Schifffahrt auf dem Harkortsee

Wetter – Freiheit – Harkortberg – Aussichtsturm – Höhenweg – Herdecke – Schiffsanlegestelle – Schifffahrt von Herdecke nach Wetter

Anfahrt PKW:	A 43, AS Witten-Heven, K 12, L 924, B 226
	P Wetter, an der Ruhrbrücke (B 226), Freibad Harkortsee
Anfahrt VRR:	Ab Wetter Bf: SB 71 ➜ Hagen bis **H** Wetter-Ringstr.
Wanderstrecke:	8 km; *Höhenprofil:* 88-273 m, rd. 140 m teilweise steiler Anstieg zum Harkortberg (232 m), Höhenweg mit weiten Aussichten, leichter Abstieg nach Herdecke
Wanderzeichen:	X20, X4
Wanderkarten:	Grüne Reihe, Blatt 17, Hagen, 1:25.000
	Freizeitkarte, Blatt 14, Ruhrgebiet Ost, 1:50.000
Personenschifffahrt:	Infos zur Saison und zum Fahrplan Personenschifffahrt Harkortsee: Tel. 02330/4175
Einkehr:	Gasthäuser in Wetter und Herdecke, auf dem Schiff: kleine Bordküche und Kiosk

Wir wandern zunächst mit der Hauptwanderstrecke X20 am Harkortsee entlang. Nach etwa einem Kilometer führt uns der Weg in den historischen Stadtteil „Freiheit" mit ehemaligen Burgmannenhäusern, malerischen Fachwerkwinkeln und den ehemaligen Wohnhäusern des Freiherrn vom und zum Stein und Friedrich Harkorts, dem Begründer der rheinisch-westfälischen Industrie. Links neben der Kirche schließt sich die Ruine der Burg der ehemaligen Grafen von der Mark an. Hier richtete ab 1819 Friedrich Harkort seine „Mechanischen Werkstätten" ein. Weiter stetig aufwärts steigen wir zum Harkorttum hoch. Hier beginnt der genussreiche Höhenweg durch prächtigen Hochwald. Bei der Wegespinne passen wir auf, dass der Übergang auf die Hw. X4 gelingt. Rund zwei Kilometer weiter sind wir – immer noch hoch oben auf dem Höhenzug des Ardeygebirges – am Ortsrand von Herdecke. Immer bergab durch Wohnsiedlungen erreichen wir bald darauf die Ruhr und die Schiffsanlegestelle.

Mit dem Personenschiff „*Friedrich Harkort*" tuckern wir beschaulich nach Wetter zurück, erleben eine schöne Aussicht auf See, Berge und Städte und lassen uns unterwegs von der kleinen Bordküche verwöhnen.

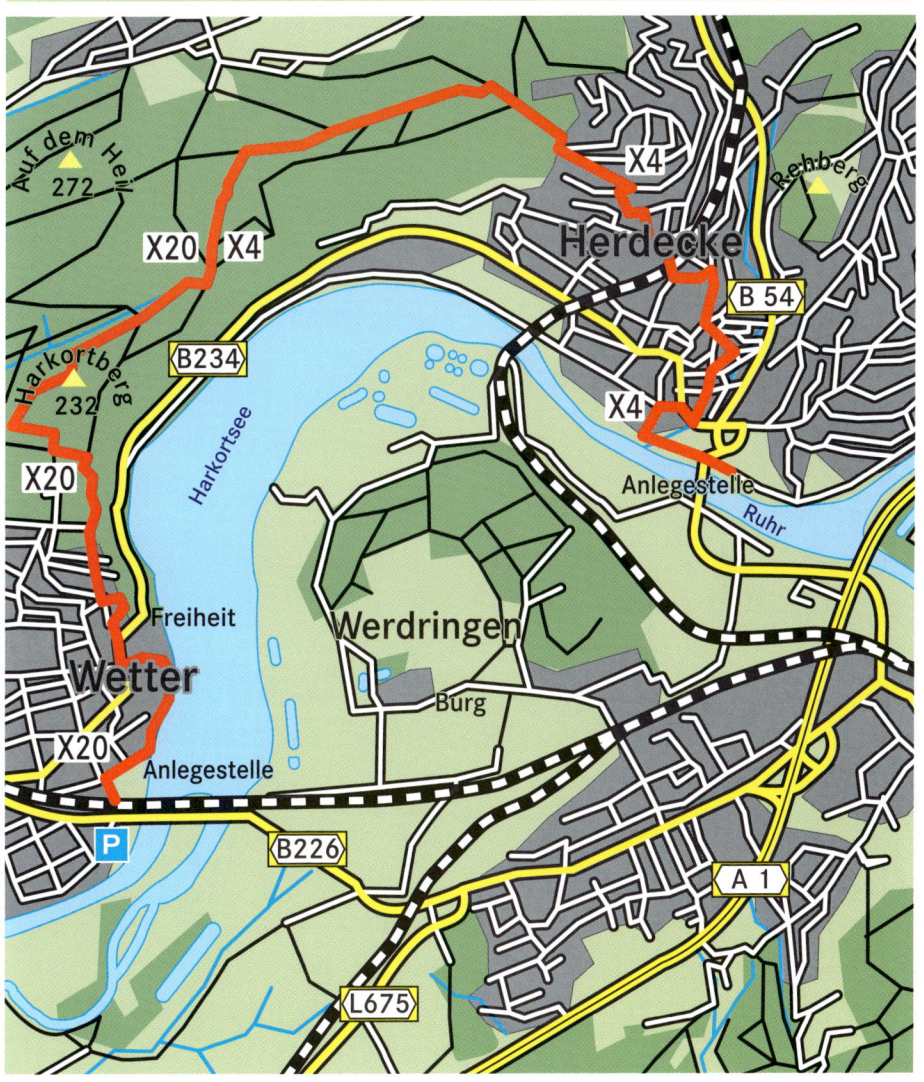

47. Durch das Bommerholz

Bommerholzer Straße – Haus Bommerholz – Mühlenfeld – Wengermühle – Lichtenböcken – Brunsberg – Bommerholz

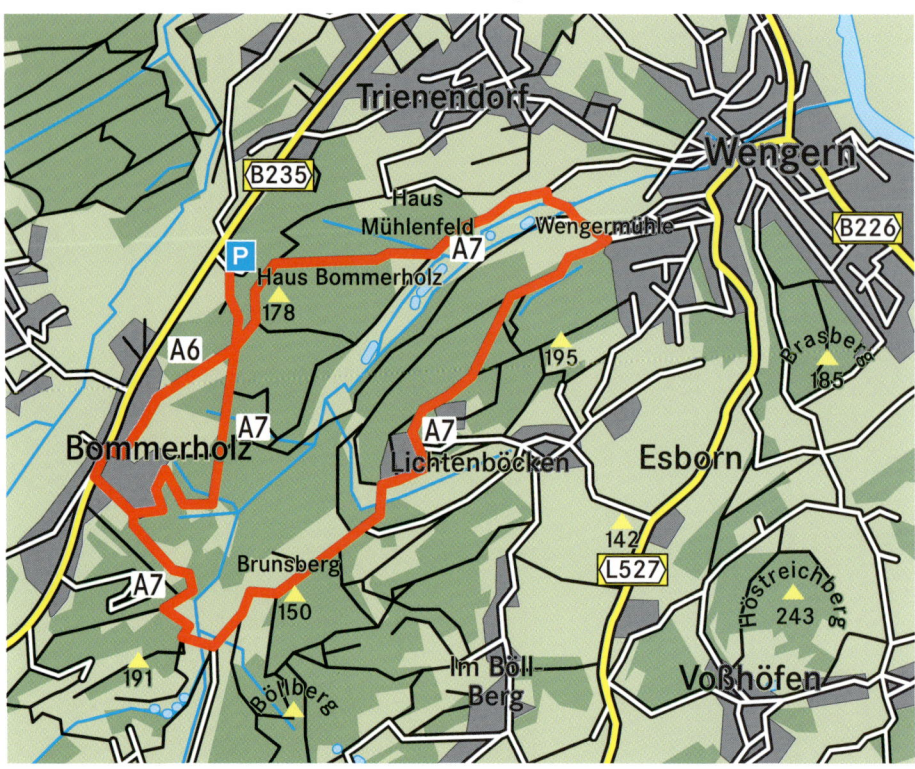

Anfahrt PKW:	A 43, AS Witten-Herbede, L 924/Wittener Str., K 2/Kämpenstr., L 733/ Durchholzer Str., Wittener Str./Bommerholzer Str. (frühere B 235) P Witten-Bommerholz, Bommerholzer Str.
Anfahrt VRR:	Ab Witten-Bommern Bf: Bus 379 ➔ Sprockhövel bis H Haus Bommerholz
Wanderstrecke:	Rundweg A7 = 7 km, *Höhenprofil:* 94-203 m; Zugang zum Rundweg mit A6 ohne Steigung oder zum Rundweg A7 mit Steigung
Wanderkarte:	Grüne Reihe, Witten, Ruhrtal, 1:25.000 Freizeitkarte, Blatt 14, Ruhrgebiet Ost, 1:50.000
Einkehr:	Hotel-Restaurant „Am Stöter", Bommerholzer Str. 107, Tel. 02302/73604, täglich ab 15 Uhr Kaffeetrinken, Sa. und So. Mittagstisch, Do. Ruhetag (außer feiertags)

Der Wanderweg verläuft zu rund zwei Dritteln auf unbefestigten Waldwegen durch die Hügellandschaft im Süden Wittens, vorbei an kleinen Gehöften, Weiden und Feldern, mit schönen Aussichten auf Hügel und Täler.

48. Impressionen im Dreistädte-Eck
Witten – Bochum – Dortmund

*Stockum – Steinberg – Siebenplaneten – Düren –
Dorney – Stockumerbruch – Stockum*

Anfahrt PKW:	A 44, AS Witten-Stockum, Pferdebachstr.
	🅿 Witten-Stockum, Pferdebachstr., bei den Sportplätzen
Anfahrt VRR:	Ab Dortmund-Oespel: Bus 371 ➔ WItten Rathaus bis **H** Gerdestr.
Wanderstrecke:	Rundwanderweg A1, 12 km, *Höhenprofil:* 92-173 m
Wanderkarte:	Grüne Reihe, Witten, Ruhrtal, 1:25.000
	Freizeitkarte, Blatt 14, Ruhrgebiet Ost, 1:50.000
Einkehr:	Gasthäuser in Stockum
	„Stockumer Bierhaus", Witten-Stockum, Hörder Str. 355, Tel. 02302/43132, geöffnet ab 16 Uhr, Küche ab 18 Uhr, Gruppen fragen wegen Mittagstisch und/oder Kaffeetrinken an

Eine zauberhafte Landschaft, die sicher einige hier nicht vermuten, erwartet uns. Das A und O dieses Gebietes steht nur vordergründig für Autobahn und Opel. Dazwischen hat sich ein schöner Lebensraum behauptet, mit Feldern, Wiesen, Wäldern, Bächen und überraschend weiten Aussichten auf das Ruhrgebiet.
Nach der Wanderung stärken uns regionale Spezialitäten aus deutschen Landen. Auch einige Biersorten wollen verkostet werden. Im *„Stockumer Bierhaus"* lassen wir unseren heutigen Wandertag gemütlich ausklingen.

49. Zu Lande und zu Wasser vom Kemnader See nach Bommern und eine Fahrt auf der Ruhr

Kemnader See – Burg Hardenstein – Schloss Steinhausen – Bommern

Anfahrt PKW:	A 43, AS Witten-Heven
	P Kemnader See, bei der Anlegestelle Freizeitbad Heveney
Anfahrt VRR:	Ab Witten Hbf: SB 67 ➜ Sprockhövel bis H Freizeitbad Heveney
Wanderstrecke:	8,5 km, *Höhenprofil:* 69-149 m
Wanderzeichen:	U, A3, A1, XR
Wanderkarte:	Grüne Reihe, Witten, Ruhrtal, 1:25.000
	Freizeitkarte, Blatt 14, Ruhrgebiet Ost, 1:50.000

Personenschifffahrt: MS Schwalbe, Infos zu Saison- und Abfahrtszeiten, Anlegestellen: Tel. 02302/9173-600, Bordservice für Veranstaltungen: Tel. 0177/4815041

Einkehr:	Bordservice auf der „*Schwalbe*", Gasthäuser am See

Beim P finden wir unser Wegezeichen U. Wir überschreiten die Ruhr auf der kleinen Brücke und wenden uns nach rechts. Schöne Blicke auf den Kemnader See begleiten uns.

Der nördliche Uferweg der Ruhr führt uns zu einer weiteren kleinen Brücke, über die wir nach Herbede gelangen. Nun geht es eine Weile aufwärts und dann durch das Naturschutzgebiet Hardenstein abwärts. Mit dem A3 nach links abbiegend gelangen wir schon bald zur Burg Hardenstein. Vermutlich schon im 13. Jh. vorhanden und im Besitz des Hochadels aus dem Bergischen, der Familie Hardenstein, sollen auch Raubritter hier ihr Versteck an der Ruhr gehabt haben. Seit dem 18. Jh. verfallen, wird sie seit 1974 von den Burgfreunden Hardenstein teilrestauriert. Parallel zu den Gleisen des Museumszuges Bochum-Dahlhausen führt uns der Wanderweg zu einem Sträßchen, in das wir mit A1 nach rechts einbiegen, um nach rund 200 Metern links auf den Ruhrhöhenweg XR zu treffen, mit dem wir wieder links zum Schloss Steinhausen wandern. Die 1321 erstmals erwähnte Burg wurde 1732 vom Freiherrn von Elverfeld erworben, dessen Familie sich über Generationen hinweg als Miteigentümer einiger Zechen im Muttental um die Entwicklung des Steinkohlenbergbaus verdient gemacht hat. An der Ruhr entlang erreichen wir kurz darauf Bommern. Vor der Brücke gehen wir ein kurzes Stück rechts zur Schiffsanlegestelle. Dort nimmt uns die „*Schwalbe*" auf, mit der wir über die Ruhr – eine Schleuse muss überwunden werden! – zum Kemnader See schippern. Unterwegs bietet der Bordservice allerlei Stärkungen an, unter anderem total leckeren Kuchen. Weitere Einkehrmöglichkeiten am See.

Witten

Zu Lande und zu Wasser vom Kemnader See nach Bommern und eine Fahrt auf der Ruhr

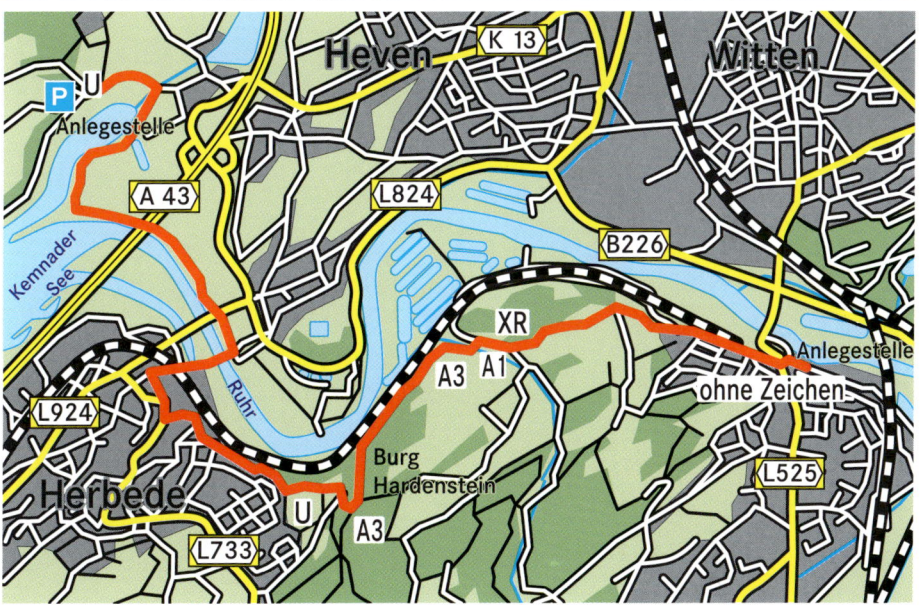

50. Museumszug im Ruhrtal und eine Wanderung über die Ruhrhöhen

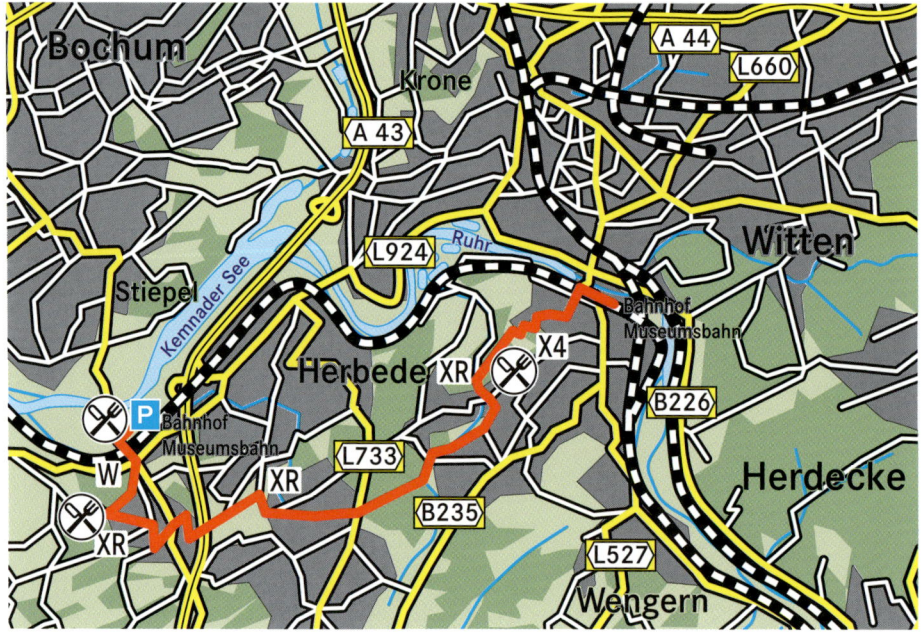

Anfahrt PKW: A 43, AS Witten-Herbede, L 924/Wittener Str., nach 2 km rechts An der Kemnade
P bei der Wasserburg Haus Kemnade, Hattingen, An der Kemnade
Anfahrt VRR: Ab Witten Hbf: SB 38 ➔ Hattingen bis H Steinenhaus
Der Museumszug fährt an ein bis zwei Sonntagen in den Monaten April bis November von Hattingen nach Witten-Wengern-Ost und zurück,
Infos: Eisenbahnmuseum Bochum-Dahlhausen, Tel. 0234/482516,
Mi.-Fr. 10-17 Uhr, sonn- und feiertags 10-15 Uhr
Unsere heutige Teilstrecke: Wasserburg Haus Kemnade – Herbede – Ruine Hardenstein – Witten-Bommern

Der Museumszug gehört dem Eisenbahnmuseum Bochum-Dahlhausen, dem größten privaten Eisenbahnmuseum Deutschlands. Die 18 km lange Ruhrtalbahn wurde 1874 von der Bergisch-Märkischen Eisenbahngesellschaft eröffnet, als die Eisenbahn ihren Eroberungszug antrat und die Ruhrschifffahrt an den Zechenstandorten verdrängte. Die schnaufende Dampflok, historische Waggons und das Zugpersonal in der Uniform preußischer Bahnbeamter entführen uns in längst vergangene Zeiten.
Am Bahnhof Kemnade beginnt unsere beschauliche Fahrt durch das Ruhrtal. Die stolze Burgruine Hardenstein und der gut erhaltene Herrensitz Schloss Steinhausen künden von früheren Jahrhunderten (siehe Wanderung 49 auf Seite 64). Hier stand die Wiege des Ruhrbergbaus und begann die frühe Industrialisierung. Heute ist das mittlere Ruhrtal ein großer Naherholungsraum vor den Toren der Ruhrgebietsstädte.

Museumszug im Ruhrtal und eine Wanderung über die Ruhrhöhen

Wanderung von Witten-Bommern zur Wasserburg Haus Kemnade:
Bommern – Frielinghausen – Rauendahl – Neue Welt –
Kämpen – Buchholz – Katzenstein – Haus Kemnade

Wanderstrecke: 12,7 km, *Höhenprofil:* 69-216 m
Wanderzeichen: X4 ab Ruhrbrücke, XR vor Rauendahl, W beim Katzenstein
Wanderkarte: Grüne Reihe, Witten, Ruhrtal, 1:25.000
Freizeitkarte, Blatt 14, Ruhrgebiet Ost, 1:50.000

Einkehr: Gasthäuser *„Haus Rauendahl"* (siehe Wanderung 51),
„Krans im Katzenstein" (siehe Wanderung 22),
„Burgstuben Haus Kemnade", An der Kemnade 10, Hattingen,
Tel. 02324/9331-0, 12-23 Uhr, Mittag und Kaffeetrinken, Mo. Ruhetag

In Bommern gehen wir vom Bahnhof zur Ruhrbrücke und treffen auf das Wanderzeichen X4, vor dem Gasthaus *„Rauendahl"* auf den Ruhrhöhenweg XR. Aussichtsreich geht es über die Höhen der Ruhrberge durch eine abwechslungsreiche Landschaft mit Wäldern, Wiesen und Siedlungen. Auf dem Katzenstein beim Gasthaus *„Krans"* treffen wir auf das W und gehen mit diesem zur Wasserburg Haus Kemnade (17./18. Jh., Sammlungen aus diversen Gebieten, u.a. stadthistorische Sammlung Bochum, Bauernhausmuseum). Ein Besuch der *„Burgstuben Haus Kemnade"* rundet unseren Erlebnistag ab.

51. Wiege des Ruhrbergbaus
Bergbaurundweg Muttental

Rauendahl – Berghausen – Wilhelmshöhe –
Burg Hardenstein – Schloss Steinhausen –
Bergbaugeschichtliches Museum – Rauendahl

Anfahrt PKW:	A 43, AS Witten-Heven, K 12, L 924, B 226, B 235, K 4/Rauendahlstr.
	℗ Witten, Rauendahlstraße, beim Gasthaus „Haus Rauendahl"
Anfahrt VRR:	Ab Witten Hbf: SB 38 → Hattingen, **H** Herbede Mitte umsteigen Bus 350 bis **H** Stadtforst Vormholz
Wanderstrecke:	Rundweg A3, Bergbaurundweg Muttental = 7,5 km; Rundweg mit kombinierten Wegezeichen: A1, A2, A3 (beginnend mit A2 als Zubringer) = 9 km; alle Wege mit *Höhenprofil:* 73-183 m
Wanderkarte:	Grüne Reihe, Witten, Ruhrtal, 1:25.000 Freizeitkarte, Blatt 14, Ruhrgebiet Ost, 1:50 000
Einkehr:	am ℗ und am Weg *Gasthaus „Haus Rauendahl"*, Rauendahlstr. 126, Tel. 02302/30287 oder /31128, täglich ab 10 Uhr, Frühstück, Mittag, Kaffeetrinken, hausgebackene Kuchen, Abendkarte *Gasthaus „Zur alten Tür"*, Berghauser Str. 14, Tel. 02302/73523, täglich Mittagstisch, besonders beliebt sind Sauerbraten und Schnitzel; Kaffeetrinken, Mo. Ruhetag *Schloss Steinhausen*, Tel. 02302/399990, Restaurant ab 17 Uhr; kulturelle Veranstaltungen, Mo. und Di. Ruhetage

Die Wanderwege führen durch Wälder und Felder eines landschaftlich reizvollen Berglandes mit einer Reihe von Sehenswürdigkeiten:

Am Bergbauweg finden wir alte Förderanlagen und Zechengebäude aus der Frühzeit des Kohlebergbaus. Ein kleines Museum im ehemaligen Bethaus zeigt historische Arbeitsgeräte, Modelle und Fotos.

Der Ursprung der Burg Hardenstein am Rundweg A3 wird im 13. Jh. vermutet. Sogar Raubritter sollen hier ihr Versteck gehabt haben. Fest steht, dass die Burg im Besitz der Hochadelsfamilie von Hardenberg aus dem Bergischen war. Seit dem 18. Jh. verfallen, wird sie seit 1974 von der Stadt und den „Burgfreunden" teilrestauriert.

Schloss Steinhausen, 1321 als Burg erstmals erwähnt, war Sitz der Herrschaften von Witten, dann im Besitz des Freiherrn von Elverfeldt. Die Herren von Elverfeldt förderten über mehrere Generationen hinweg die Entwicklung des Steinkohlenbergbaus; heute mit Gasthaus und Veranstaltungen.

Während und nach dem interessanten Rundgang laden die Gasthäuser und Biergärten zu einem kulinarischen Ausklang ein.

Wiege des Ruhrbergbaus
Bergbaurundweg Muttental

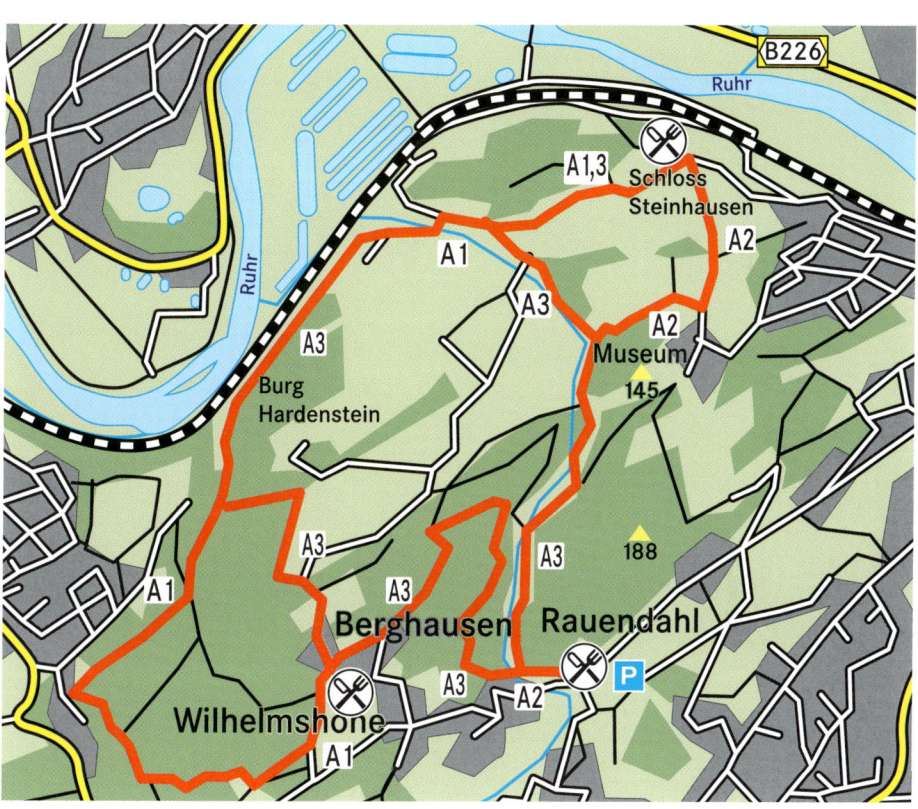

52. Wittens beliebtestes Ausflugsziel
Borbachtal und Hohenstein an der mittleren Ruhr

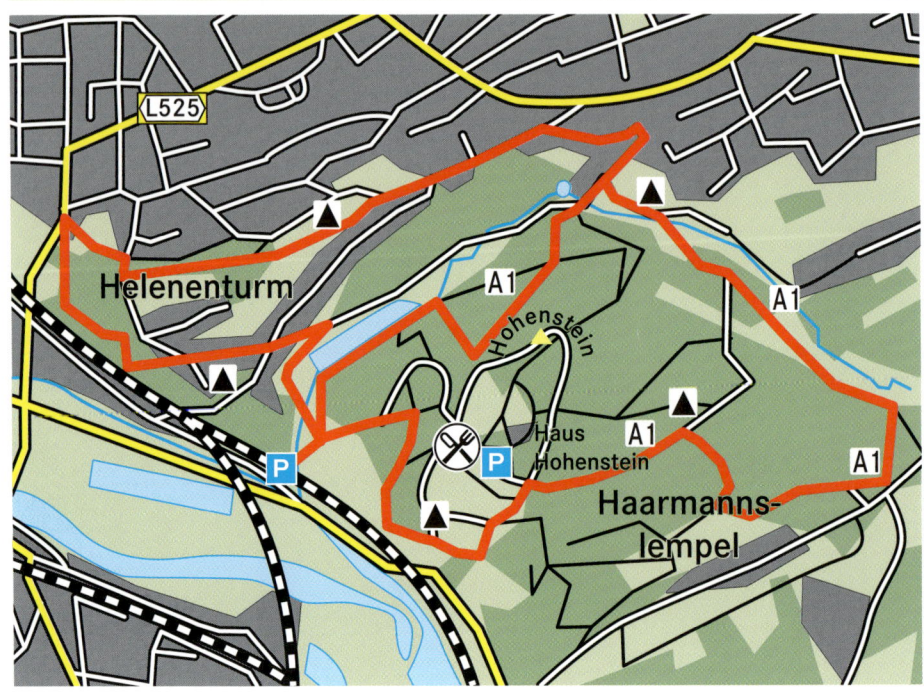

Anfahrt PKW:	A 43, AS Witten-Heven, K 12, L 924, B 226
	P Witten, Hammerteich an der B 226
Anfahrt VRR:	Ab Witten Innenstadt: Anruf Sammeltaxi, Bestellung mind. 30 Min. vor der Abfahrt (Tel. 02302/19410/Sondertarif VRR)
Wanderstrecke:	Rundwanderwege mit *Höhenprofil:* 85-174 m;
	Rundweg 4 km mit Wanderzeichen ▲, A1:
	Helenenturm (Aussicht auf Witten) – Borbachtal – Hammerteich
	Rundweg 4 km mit Wanderzeichen A1, ▲:
	Um den Hohenstein, Bergerdenkmal (Aussicht ins Ruhrtal)
	Beide Wege kombiniert ohne Mittelstück = 7 km, Wanderzeichen: ▲, A1
	Helenenturm – Borbachtal – um den Hohenstein – Kohlensiepen,
	hier die Abkürzung A1 beachten, – Bergerdenkmal
Wanderkarte:	Grüne Reihe, Witten, Ruhrtal, 1:25.000
	Freizeitkarte, Blatt 14, Ruhrgebiet Ost, 1:50.000
Einkehr:	Gasthaus *Tennisclub Hohenstein*, Am Hohenstein 6 a, Tel. 02302/12327, Mittagstisch und Kaffeetrinken (auch Gruppen), Terrasse, Öffnungszeiten: Mi.-So., Mitte April bis Mitte Oktober täglich
	Gasthaus Hohenstein mit Biergarten (z.Zt. geschlossen)

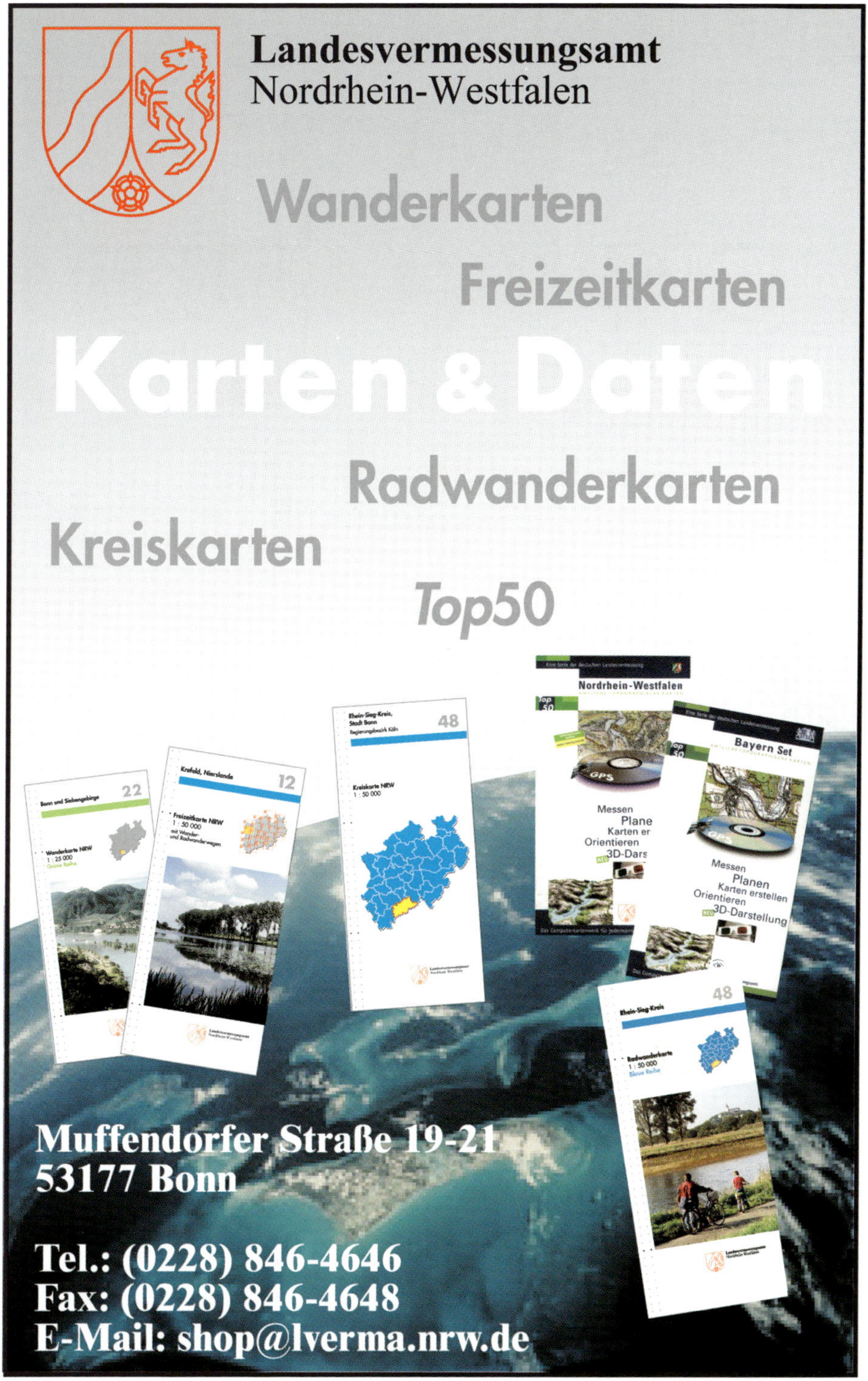

Landesvermessungsamt
Nordrhein-Westfalen
Wanderkarten
Freizeitkarten
Karten & Daten
Radwanderkarten
Kreiskarten
Top50
Bonn und Siebengebirge 22
Wanderkarte NRW
1 : 25 000
Krefeld, Niersiande 12
Freizeitkarte NRW
1 : 50 000
Rhein-Sieg-Kreis, Stadt Bonn 48
Kreiskarte NRW
1 : 50 000
Nordrhein-Westfalen
Bayern Set
GPS
Messen
Planen
Karten erstellen
Orientieren
3D-Darstellung
Rhein-Sieg-Kreis 48
Radwanderkarte
1 : 50 000
Blaue Reihe
Muffendorfer Straße 19-21
53177 Bonn
Tel.: (0228) 846-4646
Fax: (0228) 846-4648
E-Mail: shop@lverma.nrw.de

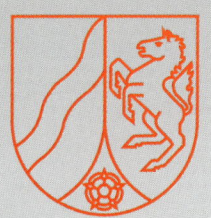

Der Sauerländische Gebirgsverein

Der SGV verbindet Tradition und Innovation

Der Sauerländische Gebirgsverein, mit ca. 50.000 Mitgliedern einer der größten Freizeit- und Wandervereine Deutschlands, ist in seiner Vereinsphilosophie grundsätzlich naturschutz- und umweltorientiert.

Im SGV-Vereinsgebiet, das vom Niederrhein über das Ruhrgebiet, vom Münsterüber das Bergische Land bis hin zum Sauerland reicht, praktizieren 271 SGV-Ortsgruppen in 20 Regionalbezirken aktiv Freizeitgestaltung und Umweltschutz. Ca. 330 ha eigene Naturschutzflächen, die Arbeit des SGV-Naturschutzzentrums sowie die Pflege und Markierung von ca. 34.000 km Wanderwegen belegen unter anderem nachhaltig unser Bemühen um ein sinnvolles Nebeneinander von Zivilisation und Natur.

Auf vielfältige Weise sind die Menschen im SGV aktiv. Landschaften kennen lernen, Natur entdecken und erleben. In der Natur lernen und lehren.

Sauerländischer Gebirgsverein e.V.
Hauptgeschäftsstelle
Hasenwinkel 4
59821 Arnsberg
Tel.: 02931 / 52 48 13
Fax: 02931 / 52 48 15
E-Mail: info@s-g-v.de

Wie begegnet der SGV dem Menschen; informierend und orientierend dahingehend, dass er durch Besinnung und Begegnung geistig und körperlich fit bleibt: Sinnvolle Freizeitgestaltung ist Trumpf, Wandern dabei eine Priorität. Die Zahlen der ausgezeichneten Wanderwege, der kompetenten Wanderführer, der gemütlichen Hütten und imposanten Aussichtstürme, der zahlreichen Wander- und Ferienveranstaltungen sprechen für sich, garantieren wunderbar wanderbare Erlebniswelten.

Der SGV hat auf seinem Weg aus der Vergangenheit in die Zukunft entdeckt, dass man auf viele Arten gemeinsam wandern kann: ob per Pedes, per Pedal, per Ski, zu Lande, Watt und Wasser. Wandern mit Erlebnis-Zugabe: Fuchsjagd und Drachenfliegen, Weinprobe, Bosseln und Quasseln, Spiel und Spaß.

SGV-Mitglieder wandern nicht nur. Sie beschäftigen sich auch ganz besonders mit den Themen Jugendbegegnung, Ökologie und Bildung und Umweltproblematik.

- **SGV Jugendbildungsstätte „Wilhelm Münker"**

mit 116 Betten in modernen Zimmern, Spiel- und Sportwiesen, Familienangeboten, und, und, und ...
Der Jugendhof ist Bildungsstätte und eben auch Ferienparadies

- **SGV Naturschutzzentrum**

Hier wächst der Gedanke, sich stark zu machen und sich zu engagieren für Pflanzen und für bedrohte Tierarten, damit der Ast, auf dem wir Menschen uns drängeln, auch noch in Zukunft trägt.

- **SGV Bildungswerk**

Das Bildungswerk des SGV bietet mit verschiedensten Kursen Anregungen zum Mitmachen und Mitdenken: Aktuelles, Theater spielen, Singen und Tanzen, kreatives Gestalten für Kinder und Könner, sie alle und auch andere finden im Bildungswerk und Umweltbildungswerk, inhalts- und erlebnisreiche Weiterbildung.

Im Internet erfahren Sie mehr über den SGV.

www.sgv.de